The New Energy Infrastructure
in the Digital Economy

数字经济
下的能源新基建

杨 彪 刘素蔚 高洪达 等◎编著

中国财经出版传媒集团

经济科学出版社
Economic Science Press

·北京·

编 委 会

序一

能源新基建为发展能源行业
新质生产力提供基础

大数据与信息技术的迅猛发展及其与能源物理系统的深度融合，加速了能源革命和数字革命的交融并进，构成了新时代能源产业发展的重要动力。在以国内大循环为主体、国内国际双循环相互促进的新发展格局下，能源新基建为发展能源行业新质生产力提供了坚强基础。

能源新基建是实现能源结构优化升级的关键，通过能源类新型基础设施的建设，能够有效提升清洁能源的并网消纳和利用效率，促进风能、太阳能等可再生能源的大规模开发与应用，进而减少对化石燃料的依赖，降低环境污染，实现能源生产和消费的绿色化。与此同时，数字革命为能源新基建提供了先进技术支撑，能源行业为数字技术提供了施展舞台，信息物理融合使得能源系统更加智能化、高效化，并带动能源产业链的发展，促进新技术、新业态的孕育，为经济增长注入新动力。此外，通过构建灵活多元的能源新基建体系，建立"一带一路"能源合作伙伴关系，积极应对能源价格剧变、地缘政治动荡、欧盟碳关税、核心技术"卡脖子"等外部挑战，进一步把能源的饭碗牢牢端在自己手里，推动能源高质量发展与能源强国的实现。

　　《数字经济下的能源新基建》一书紧贴时代发展的前沿，涉及了能源、信息、经济等多个领域，通过对数字经济与能源新基建的深入剖析，探讨了数字经济下能源新基建的特征、趋势和重点问题，将为读者揭示在数字经济时代下，如何以能源新基建为抓手，构建更加智能、高效、绿色的新型能源体系，以满足人们美好用能需求，应对未来全球能源挑战。

　　信息科学与技术的发展在当下呈现出网络化、智能化、信息物理深度融合的新趋势，数字经济与能源新基建融合发展，将推动能源产业的现代化和可持续发展，在建设创新型国家的进程中肩负起历史使命与责任担当，为保障能源安全、建设能源强国、实现"双碳"目标提出引领性的"中国方案"。

吴秋伟

天津大学教授、长江学者讲席教授

序二

发展新型基础设施，推动能源
可持续发展

在日趋复杂的国内外政治经济形势下，新型基础设施建设成为我国突破经济、资源和环境困局的一剂"良方"，被社会各界寄予厚望。发展新型基础设施是实现国家生态化、数字化、智能化、高速化、新旧动能转换与经济结构调整的重要抓手。当前，正值能源革命与数字革命交融并进的关键历史节点，地缘政治动荡、保供稳价难、能源技术装备"卡脖子"、能源互联网管理调度压力大等困境要求我们加快构建以清洁、低碳、可再生能源为支柱的新型能源基础设施及管理体系，实现能源的高效利用和可持续发展。

上述目标的实现有赖于数字化技术与能源新基建的协同发力。能源新型基础设施是数字转型、智能升级、融合创新的核心载体，人工智能、云计算、物联网等现代信息科技都需要依托新基建发挥作用。而在新型能源基础设施的基础上利用数字化技术，可以更便捷地获取、处理和分析能源数据，为能源决策提供更加准确和全面的信息支持，提高能源利用效率，促进能源政策和管理的科学化与精细化；并进一步推动能源市场的变革，促进新能源经济模式的发展，包括能源互联网、能源共享经济等，为能源产业带来新的增长点和商业模式。

《数字经济下的能源新基建》一书为能源新基建发展提供了数字经济下的全新理论指导，从数字经济与能源革命交融并进的视角，阐述了数字经济时代下能源行业的新内涵和新趋势，以及二者交融发展的路径、挑战和重点任务。全书深入浅出地探讨了数字经济与能源新基建的协同关系、重点领域、演化发展、技术应用、商业模式、基础设施融合、安全与发展、监管与服务等诸多方面。书中对新能源基建发展和产业转型的认知深入透彻，该书的出版不仅为读者提供了前沿视角来理解能源新基建，更为相关的部门提供了应对数字化时代能源行业机遇和挑战的指导。

纵观新中国 70 余年工业化进程，我们先后经历了机械化、电气化、自动化等阶段，铁路、公路、机场、港口、桥梁、水利设施等传统基建已经证明了我国近代工业化取得的巨大成就。数字经济时代的到来则为我们指出了传统基建转型升级的新方向和新思路，在这一关键的历史节点，把握机会建设推动能源新型基础设施建设，是能源人建功新时代的最好证明。

闫 强

北京邮电大学教授、博士生导师
教师工作部部长、人事处处长

序三

发挥能源新基建作用，加快新型
电力系统建设

数字经济正带动全社会迈入新时代。提升数字经济的竞争力，关键是要以创新和改革为重要抓手，加快推进新型基础设施建设，牢牢把握发展数字经济自主权，促进数字经济与实体经济的深度融合，强化科技创新对产业发展的支撑性作用。新型基础设施建设连接着巨额投资和不断升级的应用大市场，必将成为我国经济发展的强劲新动能。推动新型基础设施建设可以充分发挥数字经济的倍增效应，智慧能源等重点领域的转型实践和数字生态的营造，为推动数字经济全面高质量发展进行了全新的探索。

基础设施建设水平历来是国力竞争的重要因素。能源领域作为"两新一重"（"两新"指新型基础设施建设和新型城镇化建设；"一重"指交通、水利等重大工程建设）建设的重头，既是新基建投资需求的重要潜力所在，又是新基建中融合基础设施建设的重要领域。而电力行业作为能源的关键构成，在新基建的催生下爆发出潜力巨大的用电新业态。因此，要实现能源新基建的宏伟蓝图，需要将电力电子技术和数字技术进行深度融合，通过数字化监控（比特感知瓦特）、智能化分析（比特管理瓦特）、数智化自治（比特增值瓦特）等数字化能力的进阶式提升，来助力能源新基建建设。

作为事关国计民生的基础性行业，未来新型电力系统建设是电力行业数字化、智能化转型与生产力变革的重中之重。能源新基建是一个典型的系统工程，需要匹配高精准、强安全可靠的信息通信技术，以及有架构支撑的计算能力和开放、高效、智能的数字平台。通过聚集数字技术与业务场景的深度融合，释放数字生产力。《数字经济下的能源新基建》是一本深入浅出的作品，它详细阐述了数字经济对能源行业的影响，以及能源行业如何利用数字技术进行自我革新。该书不仅从宏观的角度分析了我国能源转型的趋势，还从微观的角度探讨了方向与格局、技术与产业、监管与服务等能源新基建建设的具体方式。书中对能源新基建的广泛应用和透彻分析，使其成为理解数字经济下能源新基建的必读之作。

未来已来，不论是发电商、电网运营商等传统电力企业，还是电动汽车等新业态，抑或是科技巨头、园区运营商、平台服务商等跨界参与者，这场数字化赋能电力系统绿色化、高效化的革命都离不开全行业、全社会的共同努力和参与。让我们一起携手共进，共建数字经济下的能源新基建，助力能源数字化、智能化转型升级，促进社会经济的双重进步。

王丽彪

华为行业 ICT 解决方案开发管理部部长

序四

能源新基建：世界经济社会 发展的新势能

　　生产要素、生产力与生产关系，是每一个时代历史性发展与变革的本质基础。能源革命与数字革命交融并进下，数据生产要素、新质生产力和更为社会化的网络式生产关系，是推动这个时代发展的源动力。这种交融不仅改变能源行业的传统模式，还推动数字技术的快速发展，进一步支撑经济社会的转型升级。一方面，数字技术应用可以提高能源利用效率、降低能耗、减少排放，推动能源行业的可持续发展；另一方面，能源革命也为数字技术提供了可持续的电力和算力来源，以及广阔的应用场景与市场空间，从而进一步推动数字技术的创新和发展，提升全社会全要素生产效率。

　　随着能源革命和数字革命的交融并进，能源新基建应运而生，并必将为全球经济社会的可持续发展注入新势能。《数字经济下的能源新基建》一书以全新的视角探讨数字经济如何深刻影响和推动能源领域的创新与变革。书中深入分析了数字技术与能源产业融合的趋势，详细阐述了在变革过程中所面临的挑战与机遇，通过对能源新基建的多维度剖析，揭示了数字化转型对于提升能源效率、保障能源安全、促进环境可持续发展的重要作用。该书的出版不仅为能源产业的高质量发展提供了理论支持和实践指导，也为全球能源领域的数字化转型提供了宝贵的经验和启示。

能源革命的道路是充满荆棘的，推动能源新基建也必将面临巨大挑战，但路虽远，行则将至，事虽难，做则可成，因为这是能源的进程，也是时代的选择，更是历史的必然。全世界的同仁们，让我们一同推动能源新基建的发展，"筚路蓝缕，以启山林"，为实现全球经济社会的可持续发展贡献我们的智慧和力量！

张洪财

清华大学博士、加州大学伯克利分校博士后
澳门大学助理教授、博士生导师

在 21 世纪的今天，我们正在见证与践行着有史以来最为深刻的新质生产力革命——数字经济的勃发与绚烂。这场革命以数据为关键要素，以信息技术为关键驱动力，正在重塑全球的经济结构、社会形态及人类最本质的认知意识。在这场革命中，能源作为经济发展的基石，其转型升级显得尤为重要，能源新基建在能源革命与数字革命交融下，已有所作为并仍可大有作为。

数字浪潮下，能源新基建将朝着智能化、绿色化、数字化、网络化等不可逆转的时代方向迅猛发展。推动能源系统的转型升级，实现能源的可持续发展和社会经济的繁荣，是全社会乃至全人类的时代共识。本书聚焦数字经济下的能源新基建，探讨了数字经济与能源新基建的辩证关系，以新质生产力理论指导能源新基建创新实践，提出了数字经济下能源新基建的五种"新"内涵，即"新格局、新方向、新技术、新产业、新支撑"；

两个大"统筹",即统筹能源安全与发展、统筹能源监管与服务。探讨新时代背景下能源新基建发展的历史之问,为读者揭示数字经济与能源新基建交织而成的未来图景。

我们依然相信,文字是有力量的,文字更是有理想与精神的,特此感谢国网能源研究院有限公司青年英才工程项目(SGNY202114010)对本书的支持。正所谓"数字赋能波涛涌,能源基建势如虹。欲驾长风驱紫电,点亮光明照人间"。能源新基建,我们"能"下五洋捉鳖,"能"上九天揽月。数字新时代,我们"数"风流人物,还看今朝。我的朋友,在今后的日子里,愿本书的微光照亮你脚下能者无疆前行的道路,照亮你在能源新基建领域每一次委屈和放弃,照亮所有以"中国的能源,我们的事业"为目标的夜行人。我的朋友,让我们一同向能源新基建的先驱者们致敬!

编　者

2024 年 4 月

CONTENTS
目 录

第
一
章

数字经济与能源新基建

第一节　能源革命与数字革命交融并进

能源是攸关国家安全和发展的重点领域。世界百年未有之大变局和中华民族伟大复兴的战略全局，要求加快推进能源革命，实现能源高质量发展。党的十八大以来，习近平总书记站在统筹中华民族伟大复兴战略全局和世界百年未有之大变局的高度，统筹国内国际两个大局、发展安全两件大事，提出了"四个革命、一个合作"（推动能源消费革命、能源供给革命、能源技术革命、能源体制革命，全方位加强能源国际合作）能源安全新战略，为新时代我国能源高质量发展指明了方向、提供了指导。但是在发展的过程中，我国能源革命面临着复杂性、严峻性、不确定性上升的挑战。

首先，能源的问题更多体现在能源之外。社会各界对新能源发展从量变到质变的认识不统一，需要在更高维度的战略思维与系统观念的统筹下将发展与减排、整体与局部、长期目标与短期目标、政府与市场的关系统一起来，这是摆在能源监管部门、能源市场主体及能源用户面前最大的挑战。其次，在保障能源供给方面需要考虑的外部因素与不确定性因素日益增加。受到上游原材料和大宗商品的价格传导，以及国际市场、国际地缘政治的波动，一次能源保供稳价的压力大，能源企业保供压力增加且主业盈利能力下降，以要素投入驱动的电网发展模式面临较大挑战。再次，能源技术装备存在"卡脖子"问题，关键零部件、专用软件、基础材料等大量依赖国外，能源系统的科技创新长板优势尚未形成。最后，能源系统的市场机制亟待完善。市场在发挥资源配置决定性作用方面还存在短板，不同区域面临资源流动壁垒与规则的不统一问题。能源金融、能源数据、用能权、碳排放等新型市场建设还处于探索与起步阶段。

过去20年以来，以信息通信技术为代表的数字技术席卷全球，带来了数字产业的崛起，以数字经济为代表的新经济形态被认为赋予了现代经济体系增长的新动力源泉。随着数字技术的快速发展和普及，以及网络化和智能化技术的广泛应用，一场深刻的社会、经济和文化变革正在发生，被称为数字革命。数字革命改变了人们的生活方式、工作方式、生产方式和交流方式，极大地提高了信息获取、处理和传递的效率，这些优势对于能源革命同样是极大的助力。同时，数字技术的革命在电力能源行业还具有以下新特征。

第一，数字技术特征表现为可观测、可描述、可控制。利用先进数字技术，实现状态全感知、设备全连接、数据全融合，打造精准反应、状态及时、全域计算、协同联动的能源电力数字孪生平台，在数字技术集成与业务融合过程中实现对能源系统、电力系统的可观测、可描述、可控制。可观测即实现数据精准采集、全域共享，推动能源电力系统各环节各领域状态的全面感知；可描述即建立虚拟数字电网和实体物理电网的映射及联动关系，推动电力系统全环节在线、全业务透明；可控制即实现海量新能源设备和交互式用能设施的分层分级管理、参数可调可控，在线协同运行。

第二，数字技术的形态特征表现为广泛互联、多流互融、智能互动。推动电网成为更加智能的新型能源基础设施，实现电网全域的广泛互联、多流互融、智能互动。广泛互联即源网荷储各类资源、电能与其他各种能源、电网和交通、物流、通信、应急等其他系统互联互通、共享互济；多流互融即数据流引领优化能量流、业务流、资金流等多流融合，实现资源的最优配置和业务的高效协同；智能互动即电力系统设备智能化水平持续提升，实现海量分散发供用对象智能协调，各类市场主体主动响应、双向互动，电力系统韧性、弹性和自愈能力增强。

第三，数字技术的功能特征表现为能源生产清洁化、能源消费高效化、能源服务便捷化。能源生产清洁化即依托数字化技术精准预测可再生能源出力情况，将各个能源品类以更优化的方式协同起来，能以更加清洁和低碳的方式供应能源；能源消费高效化即以数字化技术便捷高效地满足用户多样化用电需求，打造优质的客户体验，降低全社会的碳排放总量和强度，减少全社会综合用能成本；能源服务便捷化即依托数字化的广泛连接，实时采集、预判和共享能源供需信息，实现自动化匹配和智能化交易，为多元社会主体提供一站式的能源电力服务，满足各类用能、交易服务需求。

数字技术的应用需要以数字新基建为依托，使得能源系统更加智能化，提高能源利用效率；使得能源数据的获取、处理和分析更加容易和快速，为能源决策提供了更加准确和全面的信息支持，促进了能源政策和管理的科学化和精细化；并进一步推动能源市场的变革，促进了新能源经济模式的发展，包括能源互联网、能源共享经济等，为能源产业带来了新的增长点和商业模式。

综上所述，能源革命与数字革命的交融并进，推动了能源系统的现代化和智能化，为实现清洁、高效、可持续的能源发展提供了新的机遇和路径。

第二节　数字浪潮下能源新基建的发展趋势

一、新基建概念的提出与深化

2018年12月19～21日，中央经济工作会议首次将5G、人工智能、工业互联网、物联网定位为新型基础设施。新基建是指以新一代信息技术为核心，以数字化、网络化、智能化为主要特征，结合现代化制造、智能交通、智能能源等技术手段，以推动城市建设、产业升级和生活方式变革为目标，推动经济高质量发展的一系列基础设施建设和产业发展项目。新基建的范畴涵盖了5G网络、数据中心、人工智能、工业互联网、智能制造、物联网、数字化城市、智慧交通、智慧能源等领域。这些项目的目的在于加速数字经济和实体经济融合发展，提升国家的科技创新能力和产业竞争力，推动经济结构优化和转型升级。

自 2018 年 12 月中央经济工作会议首次提出新基建的命题以来，我国各级政府多次在重要会议上强调新基建的重要性，并作出具体部署。特别是，新冠疫情发生后，国内和国际形势风云突变，新型基础设施建设成为我国走出经济困境的一剂"良方"，被社会各界寄予厚望。在复杂的国内外形势下，我国高度重视新基建。2020 年 3 月，中共中央政治局常务委员会提出要加快 5G 网络、数据中心等新型基础设施建设进度。2020 年 4 月 20 日，中华人民共和国国家发展和改革委员会（以下简称国家发展改革委）首次明确新基建范围：三大方面七大领域，包括信息基础设施、融合基础设施、创新基础设施三个方面。2020 年，全国"两会"结束之后，新基建成为投资的热点领域，广东、浙江、山东、江苏等省（市）相继制订了规模庞大的新基建投资计划。2020 年 6 月，国家电网有限公司发布"数字新基建"十大重点建设任务，涉及的主要领域有 5G 基站、特高压、工业互联网、城际高速铁路和城际轨道交通、新能源车充电桩、人工智能、大数据中心。2020 年 12 月 16 日，中央经济工作会议提出，大力发展数字经济，加大新型基础设施投资力度。2021 年 3 月 8 日，国家发展改革委提出，要加快推进"两新一重"建设。

二、新基建发展下的能源互联网

新基建将对能源互联网带来重大影响，随着新基建的广泛实施，预计到 2025 年我国新增的电力负荷相当于目前全国装机容量的 9.4% 和 2019 年电力消费总量的 21.3%。大量 5G 基站、边缘计算数据中心、电动汽车充电桩等，将对现有的城市电网带来巨大冲击。以数据中心为例，2010～2019 年，中国数据中心市场增长了 19 倍，年增长率在 35% 以上。①

信息支撑体系是能源互联网三大体系深度融合的关键，新基建为之提供了重要的建设抓手和良好的社会基础。电网向能源互联网转型，必须推动电网由传统的物理基础设施向物理信息融合基础设施转型，实现全域感知、云边互动、实时传输、支撑决策、服务市场等。新基建与能源互联网融合发展将能极大程度地降低电网应对大规模新能源和多元化负荷所带来的不确定性风险，实现各类能源资源的有效连接，推动自组织、自适应，增强弹性和可靠性。同时，能源基础设施与数字基础设施相结合，新基建与能源互联网融合发展，必然衍生出更多能源产业新业务，推动电力系统与其他社会系统的充分链接和有效融合，不断催生新产业、新业态、新模式，形成互利共赢的能源互联网新生态、新发展模式。

能源互联网是以电力作为核心，基于先进的智能信息技术，通过融合大量储能和分布式装置，使得能源流和信息流在一个广泛互联的平台中实现共享，达到资源优化配置的目标。在能源互联网相关技术方面，随着能源互联网快速发展，分布式电源、互联网技术、储能技术及智能化技术等多元化的技术开始广泛地应用于实际工作中。

三、数字新基建与能源新基建的并进态势

在新基建的需求刺激与供给赋能双重作用下，能源新基建将

---

① 中国数据中心的建设现状与新基建形势下的统筹布局［N］．中国建设报，2020－07－09．

呈现出蓬勃的发展趋势。一方面，数字化技术如物联网、大数据等深度融入能源系统，实现能源生产、传输、消费的全程智能管理，提升能源效率，降低环境污染；另一方面，新能源技术如太阳能、风能等得到广泛应用，推动能源结构优化升级，为实现绿色低碳发展提供强大动力。

实现数字化技术融入能源系统必然离不开 5G 技术的支持，能源互联网对通信承载的需求极高，以包括发电、输电、配电、储能和用电的电力系统为对象，应用数字信息技术和自动控制技术，实现从发电到用电所有环节信息的双向交流，系统地优化电力的生产、输送和使用。未来的能源互联网应该是一个自愈、安全、经济、清洁的并且能提供适应数字时代的优质电力网络。第 5 代移动通信技术（5G 通信）相比于前代技术，具有高带宽、高容量、高可靠性、低延时、低功耗的特点，将提供更优秀的通信质量和更丰富的应用场景，推动经济和社会的快速发展。近年来，5G 技术的研发和推广方兴未艾，我国在 5G 技术积累、商用推广和设施建设方面位于世界前列。国家"十三五"规划纲要明确提出，"积极推进第五代移动通信（5G）和超宽带关键技术研究，启动 5G 商用"的目标。2019 年 6 月 6 日，中华人民共和国工业和信息化部正式向中国电信、中国移动、中国联通和中国广电发放了 5G 商用牌照，标志着我国正式进入 5G 商用元年。作为保障 5G 网络覆盖的重要环节，5G 基站建设得到高度重视。2020 年 3 月 4 日，中央政治局常务委员会明确提出"加快 5G 网络、数据中心等新型基础设施建设进度"。截至 2020 年 9 月，我国已累计开通 5G 基站 69 万座，占全球比重近七成，终端连接数超过 1.8 亿个。据估计，到 2030 年，我国建成 5G 基站数量将会突破千万。①

因此，在发展能源新基建的过程中，我们要持续深化新型无线技术与能源互联网的融合创新，围绕能源互联网各领域的典型应用需求，因地制宜选择 5G、可信 Wi－Fi、低功耗广域物联网等无线通信技术，攻克电力典型应用场景的本地及远程通信融合应用、组网模式、端到端业务承载等关键技术，建设 5G 等无线通信网络及电力业务一体化试验检测环境，深化新型无线技术在能源互联网中的融合创新，积极参加第三代合作伙伴计划（3GPP）等国际标准化组织，实现 5G 与智能电网融合的国际标准突破。

稳步推进 5G 等新型无线技术规模化应用，以能源互联网业务需求为导向，以新型无线技术创新应用为依托，以电力业务一线为应用主体，结合技术演进路线，制定重点任务清单，逐步开展增强移动宽带、高可靠低时延、大规模物联网等应用场景的示范工程建设，总结提炼形成典型设计，有序、高效地推进 5G 等新型无线技术的规模化应用。

深化 5G 等电力无线通信核心装备研制，构建 5G 等无线通信设备研发联合创新机制，研发电力无线通信模组及多形态电力无线通信终端，研制异构融合边缘接入设备、轻量化核心网等关键网元设备，构建无线通信网络运行状态监控、资源配置、安全管控、终端感知等综合管理支撑平台，保障电力业务应用安全、高效、可靠运行。

新能源技术在能源新基建发展中发挥着至关重要的作用，随

---

① 工信部：截至 9 月底，全国已开通 5G 基站 69 万个 [EB/OL]．（2020－10－22）[2024－04－05]．人民网．

着技术不断进步和成本的降低，新能源技术如太阳能、风能等正逐渐成为主流能源，被广泛应用于能源新基建项目中，取代传统的化石能源，推动能源结构的优化升级。同时，新能源技术的应用减少了对传统能源和资源的依赖，降低了能源供应的不确定性，提高了能源供应的安全性和稳定性，有助于减少对能源进口的依赖，提升国家能源安全水平。

能源技术的发展和应用创造了大量就业机会，推动了相关产业链的发展，促进了经济增长和社会就业，成为新一轮经济增长的引擎。能源的清洁、可再生特性使其成为降低碳排放、应对气候变化的重要手段，通过替代传统的高碳能源，有效降低了能源消费的碳排放量，减轻了气候变化的影响。因此，在发展能源新基建的过程中，一定要针对新能源技术领域不断进行技术创新和突破，如太阳能电池效率的提升、风能发电技术的改进等，不断降低能源生产成本，提高能源利用效率，推动能源新基建的持续发展。

综上所述，数字浪潮下能源新基建将朝着智能化、绿色化、数字化、网络化的方向发展，推动能源系统的转型升级，实现能源的可持续发展和社会经济的繁荣。

第三节　数字经济激发能源基建新格局

在数字经济快速发展的时代背景下，能源基建正经历着深刻的变革与升级。数字技术的不断演进和创新，正逐渐渗透到能源领域的方方面面，为能源基建带来了新的发展机遇和挑战。在这一新的时代背景下，数字经济如何激发能源基建新格局，成了一个备受关注的话题。

一、能源数字经济助力新型电力系统建设

新型电力系统是能源新基建的核心组成部分，也是当前"大能源"观下能源电力系统进一步支撑"四个革命、一个合作"能源安全新战略的坚强底座。新型电力系统具有以新能源为主体、激活数据要素、要求网架坚强、保证安全可靠、做到灵活有序、坚持透明可控等特性，构建以新能源为主体的新型电力系统，重点是聚焦广域互联、智能互动、灵活柔性、安全可控和开放共享五大方面升级。

一是广域互联。新能源接入规模增大，主体变多，新型电力系统成为大范围的资源优化配置平台。二是智能互动。新型电力系统具备高度智慧化和交互性，将电力生产、消费和市场紧密结合起来。三是灵活柔性。新型电力系统具有强大的适应性和抗干扰能力，显著提升新能源消纳水平。四是安全可控。新型电力系统具有高度稳定性和可靠性，兼具全域网络安全防护体系。五是开放共享。新型电力系统将纵向连接电力产业链、横向集结能源生态圈，构建共享开发产业生态。

新型电力系统建设对能源产业数字化提升提出了两方面核心需求。在全社会数字经济发展的大背景下，需要充分发挥数据要素对新型电力系统建设的支撑作用。以新能源为主体的新型电力系统在更大范围纳入集中式和分布式电源，在数字化发展推动清洁能源优化配置和数字化发展驱动综合能效提升两方面提出了核

心需求。在推动清洁能源优化配置方面：一是需要发挥数字化技术实时性高、自动化程度高、定位准确的特征，以数字化强化新能源供应安全可靠；二是需要推进多元数据融合，引导多能互补和能源清洁低碳利用，以数字化提升新能源终端消纳能力；三是需要通过系统软硬件、"大云物移智链"等技术应用，促进新能源与电源电网协调发展，以数字化推进源网荷储协同互动。在驱动综合能效提升方面：一是需要创新泛在接入模式，依托智能电表安装普及等方式广泛接入，推动能源全产业参与者广泛接入和能效利用提升；二是需要创新平台发展模式，依托电网企业先天能源转换枢纽和平台优势，构建能源互联网平台，提升能源优化管理和产业带动能力；三是需要创新业务服务模式，依托新能源云平台、储能云平台为载体，提供新型能源高价值服务。

二、能源数字经济推动新型电力系统构建的内在逻辑

能源行业的数字化发展与变革，或者进一步定义为能源数字经济的萌发与加速，是新型电力系统建设的重要推动力。能源数字经济以新发展理念为引领，以数据作为关键生产要素，以能源技术和数字技术融合应用，不断提高能源行业整体全要素生产率，通过数据赋能传统产业和数字能源新兴产业，不断推动新模式、新业态、新产业蓬勃发展，构建新型电力系统协同配合、互利共赢的生态体系，推动产业组织关系从线性竞争到生态共赢转变，将成为破解新型电力系统各类矛盾的重要抓手。

能源数字经济以系统性提升的方式推动新型电力系统建设。能源数字经济以系统性整体提升的方式满足新型电力系统数字化

提升中在推动清洁能源优化配置和驱动综合能效提升两方面的核心需求，共同推动新型电力系统构建。

能源数字经济通过推进要素流动形成价值共建的有效模式。能源数字经济以"电力＋算力"的新型基础设施为基础，以能源产业数字化和能源数字产业化推动电网的管理、功能、价值形态转变，进而通过释放数据要素价值推动新型电力系统构建，通过能源数据平台和数字产品助力碳排放权、用能权交易市场发展，以及分布式、可再生能源发电与消纳，助力实现"双碳"目标。

三、新格局下能源基建新态势

能源数字经济的崛起不仅推动了新型电力系统的构建，也激发了能源基建的新格局。由能源数字经济助力新型电力系统建设可以得出，能源基建的新格局主要体现在四个方面：可持续发展与清洁能源、智能化与数字化技术应用、分布式能源与能源互联网、绿色智慧城市建设。

随着全球对环境保护和气候变化问题的关注增加，能源基建逐渐向可持续发展和清洁能源转型。大力发展太阳能、风能等可再生能源，推动绿色能源技术创新，减少对传统化石能源的依赖，实现能源供给的可持续性和环境友好性。同时，数字经济的崛起推动了能源基建向智能化、数字化方向发展。智能电网、智能电表等新型基础设施的建设，利用大数据、人工智能等技术实现对能源系统的实时监控、优化调度和智能管理，提高能源利用效率和安全性。随着分布式能源技术的成熟和应用，能源基建呈现出多元化和分散化的特点。通过建设能源互联网，实现各种能源系统之间的互联互通，促进能源资源优化配置和高效利用，推动能源供应模式的变革和创新。数字经济与能源基建的融合也在推动绿色智慧城市建设，通过智能能源管理系统、智能交通系统、智能建筑等技术手段，实现城市能源资源的高效利用和可持续发展，提升城市生活质量和环境友好度。

通过数字技术与能源产业的深度融合，可见证能源行业从传统向智能、清洁、可持续的转变。这一变革不仅是技术和产业层面的革新，更是对能源生态系统的全方位优化与重构，为构建更加高效、智能和绿色的能源基础设施打下了坚实的基础。在数字经济的推动下，清洁能源、智能技术和可持续发展理念相互融合，向可持续、智能、多元化和绿色发展方向转变，充分利用数字经济的发展成果，实现能源系统的现代化和优化升级。

第四节　能源基建践行数字经济新形态

能源问题是关乎国计民生的"国之大者"，且常规解决问题的手段有较大难度，从数字经济表现出的创造力来看，或许成为破解能源转型及赋能经济社会高质量发展的重要途径。

一、基建新需求下催生能源数字经济

数字经济的一个重要特征是将数据纳入主要生产要素。随着电力数据在获取、存储、分析等相关技术的不断提高，能源电力大数据已经成为推动宏观经济决策支撑与产业创新发展的重要生

产要素，对能源系统、经济系统的生产、流通、分配、消费活动及经济运行机制产生了重要的积极影响。同时，数字经济成为引领经济增长的新动能，有研究认为数字经济体现出的快速增长得益于"规模报酬递增"现象，但传统经济表现出的是"规模报酬递减"现象。可见，不能简单地认为数字经济一定带来"产业规模报酬递增"，还要从规模经济、范围经济、深度渗透等多个角度评估。

当前，数字经济发展的显著特点是数字化进程从需求端逐渐向供给端渗透。在这个过程中，原有的产业结构发生变化，产业边界变得模糊，产业的渗透性、裂变性、融合性成为主要趋势。以互联网为基础的数字技术使企业间信息流通、交易过程更有效率，交易成本显著下降，通过网络实现经济活动的资源重组显得比任何时候都要便捷，必然会对一二三产业发展理念和模式带来新的变革。有研究机构提出了"第四产业""第四报表"等衡量数字经济的思路，也有学界对数字经济贡献从宏观、中观进行测算，特别是产业数字化、数字产业化的统计方法值得借鉴。

新基建的本质不仅是组织方式与生产管理体系优化，数字经济时代也重视生态的建设，即平台运营方与软硬件供应方、用户等组成的具有一定共生共荣的联合体。近年来，针对平台企业垄断问题、数据隐私保护等问题成为政府监管的重点，使得大数据计划经济得到社会广泛关注。综合来看，数字经济既能带来经济增长与繁荣，也存在资本无序扩张与数字鸿沟拉大等监管问题、民生问题，所以数字治理成为数字经济的重要命题。数字经济时代，能源行业的治理形态将发生深刻变化，数字化新产品的涌现将对能源市场监管带来新的挑战；能源企业组织模式、管理模式也将发生深刻变化，类中台化的组织架构将为中小型能源企业带来资源、数据、技术方面的赋能，能源数字产业集群将得到发展壮大。

综上所述，能源数字经济与能源新基建，不能简单理解为数字经济与能源经济的交叉并作用于新型基础设施建设，需要着重注意能源数字经济作为一个统一性能源行业转型概念，是高度实践导向的概念，必须能解答能源经济生产、消费和产业创新发展中面临的问题与挑战，在高度复杂性、不确定性的现代能源体系建设实践中不断认识、丰富能源数字经济的内涵与价值。

能源数字经济是创新驱动的新型产业形态，这种裂变性表现为基础设施形态的开放性、跨界融合性与深度渗透性，既对当前数字经济带来分层、分类影响，激发新产业、新模式、新业态涌现，也会对当前能源经济带来分层、分类影响，激发新产业、新模式、新业态涌现。能源数字经济同样要关注能源系统功能形态、价值形态演变的规律，以及随之而来的组织管理形态的变化。伴随分布式能源、储能、电动汽车、智能家居等新型设施大量使用，以及由此衍生的新型金融服务、新型数字能源服务、新型计量与交易服务等新业态涌现，能源数字经济下的新业态进一步多样化、定制化、互动化。

二、能源数字经济发展需要新基建支撑

能源数字经济并不是一个组合拼凑型的概念，而是作为数字经济时代对能源经济发展给出的系统性解决方案和新兴经济形

态，超越能源经济与数字经济的交叉融合领域，更具备统一性、创新性和升维性。其基本架构可以从经济学的概念与内涵、全新的产业结构与分类、广域的市场构成与生态、体制机制的升级与变革四个方面来解析。

从经济要素组成上来看，能源数字经济可以被认为是面向能源系统、行业及泛链接主体的资源开发与利用问题，以数字技术、方法和思维应用于商品或服务的生产、分配、流通、交换、借贷和消费等活动与关系的总称。

能源经济是以能源产品或服务为载体，数字经济是以数字产品或服务为载体，能源数字经济不仅包含数字化的能源经济活动，还包括基于能量与信息耦合的数字经济活动。因此，能源数字经济现阶段首先是数字经济，将来会随着不断与能源领域的融合发展呈现出超越态势。

从产业结构和分类上看，党中央、国务院关于数字经济发展战略相继出台了系列重大决策部署，包括《中华人民共和国国民经济和社会发展第十四个五年规划和2035年远景目标纲要》《国家信息化发展战略纲要》等政策文件。2021年5月，国家统计局参照《新产业新业态新商业模式统计分类（2018）》《战略性新兴产业分类（2018）》《统计上划分信息相关产业暂行规定》等相关统计分类标准，制定了《数字经济及其核心产业统计分类（2021）》，力求全面、准确地反映数字经济及其核心产业发展状况。

该分类认为数字经济是指以数据资源作为关键生产要素、以现代信息网络作为重要载体、以信息通信技术的有效使用作为效率提升和经济结构优化的重要推动力的一系列经济活动。该分类将数字经济产业范围确定为：01 数字产品制造业、02 数字产品服务业、03 数字技术应用业、04 数字要素驱动业、05 数字化效率提升业 5 个大类，具体如表 1 – 1 所示。表 1 – 1 中，前 4 大类数字产业化部分，数字产品制造业、数字产品服务业、数字技术应用业、数字要素驱动业，对应《2017 年国民经济行业分类》中的 26 个大类、68 个中类、126 个小类，是数字经济发展的基础；5 大类产业数字化部分，即数字化效率提升业，对应 91 个大类、431 个中类、1256 个小类。

表 1 – 1　　　　　　数字经济及其核心产业统计分类

分类	下级分类
数字产品制造业	计算机制造、通信及雷达设备制造、数字媒体设备制造、智能设备制造、电子元器件及设备制造、其他数字产品制造业
数字产品服务业	数字产品批发、数字产品零售、数字产品租赁、数字产品维修、其他数字产品服务业
数字技术应用业	软件开发、电信、广播电视和卫星传输服务、互联网相关服务、信息技术服务、其他数字技术应用业
数字要素驱动业	互联网平台、互联网批发零售、互联网金融、数字内容与媒体、信息基础设施建设、数据资源与产权交易、其他数字要素驱动业
数字化效率提升业	智慧农业、智能制造、智慧交通、智慧物流、数字金融、数字商贸、数字社会、数字政府、其他数字化效率提升业

能源数字经济的分类也符合该分类原则：电力芯片、电力自动化设备制造等行业可划分为能源数字产品制造业；电力数据看经济发展、电力数据看企业复工复产、能源和水资源消费大数据看住房空置率等行业可划分为能源数字产品服务业；电力通信、能源互联网信息技术服务等行业可划分为能源数字技术应用业；能源大数据资产交易、能源大数据金融服务等可划分为能源大数

据要素驱动业；能源企业数字化转型、智慧农村能源、智慧调度等可划分为能源数字化效率提升业。

因此，能源数字经济的发展在上述细分产业中需要融入新基建的方方面面，能源数字经济在消费侧，需要新基建逐步从数字产品制造业、数字产品批发业、数字技术应用业，向数字要素驱动业和数字效率提升业延展，具体表现在能源数字经济已经不局限于消费侧能源电力大数据产品相关的征信服务、稽查服务、治理服务等，而是全面发展、多点开花般地在能源的生产、转化、输配、交易等各个领域构建基础设施底座，以数据的"采传存用"、网络传输的"空天信"一体、算力中心与数据中心的决策支撑，以及新基建激发的新模式、新业态、新机制共同支撑。

新型的经济形态将激发新型的机制变革，自 2015 年提出《中共中央 国务院关于深化体制机制改革加快实施创新驱动发展战略的若干意见》以来，市场在资源配置中的决定性作用凸显，创新驱动发展的机制体制体系不断变革完善。

以新发展理念为引领，以数据作为关键生产要素，以低碳化、市场化、数智化、现代化、产业化为典型特征，不断建设能源数字基础设施，提高能源行业整体全要素生产率，通过数据赋能传统产业和数字能源产品新兴产业，不断推动新模式、新业态、新产业蓬勃发展，为破局能源电力系统低碳转型发展提供核心推动力。

CHAPTER 02

新格局：数字经济下能源新基建的重点领域

能源新基建的发展趋势、挑战及重心

能源在经济社会发展中扮演着至关重要的角色。随着数字技术的不断进步，能源产业与数字技术的融合已经成为我国能源行业向前发展、实现基础设施升级和产业链现代化的主要推动力量。

在这一背景下，能源新基建迎来了历史性的机遇。能源新基建是指利用先进的科技手段，建设智能化、数字化、高效能源系统的过程。它的重要性在于推动能源转型和可持续发展。这种能源新型基础设施基建以数字化、智能化为核心，涵盖了新型能源体系、智慧电网、新型电力系统等领域。能源新基建有助于降低碳排放、提高能源利用效率，推动能源结构向清洁、可再生方向转型，从而应对气候变化和能源安全挑战，实现可持续发展目标。通过数字技术的应用，能源新基建不仅提高了能源生产、传输和利用的效率，还促进了能源系统的智能化管理和优化。这一举措不仅推动了能源行业的创新发展，也为我国经济社会的可持续发展注入了新的活力。

2024 年 2 月，习近平总书记在中共中央政治局第十二次集体学习时强调，要大力推动我国新能源高质量发展，为共建清洁美丽世界作出更大贡献；要顺势而为、乘势而上，以更大力度推动我国新能源高质量发展。①

实现"双碳"目标或保障能源安全，都必须构建新型能源体系。加速规划和建设这一体系是新时代全面建成社会主义现代化强国的重要支撑，旨在统筹确保能源安全供应稳定和推动绿色低碳发展。这是对未来能源领域发展的重要战略部署。

新型能源体系以清洁、低碳、可再生能源为支柱，运用先进技术和系统，旨在实现能源的高效利用和可持续发展。该体系在能源的生产、转化、传输和利用方面引入了创新的技术与方法，以促进能源的高效、环保和可持续发展。中央经济工作会议提出，"加快建设新型能源体系"。2023 年，我国能源绿色发展成效显著，新增风电、光伏装机突破两亿千瓦，创历史新高，可再生能源装机占全球份额达 40% 左右，贡献了新增量的约 50%；② 能源综合生产能力不断增强，提前实现"十四五"规划目标任务。从中可以看出，新型能源体系依赖于新能源。新能源作为能源新基建的核心和重要组成部分，具有关键的地位和作用。

新能源是指可以替代传统化石能源且具有环保、可再生、资

---

① 习近平在中共中央政治局第十二次集体学习时强调：大力推动我国新能源高质量发展 为共建清洁美丽世界作出更大贡献［EB/OL］.（2024 – 03 – 01）［2024 – 04 – 05］. 新华社.

② 如何加快建设新型能源体系［N］. 人民日报，2024 – 02 – 03.

源充足等特点的能源形式，如风能、太阳能、水能、生物质能等。相对于传统能源，新能源具备更为显著的优势，包括更低的碳排放量、更少的污染物排放量及可持续的特性。风能利用风力发电技术将自然的风能转化为电能，这种技术已经成熟并得到广泛应用。风力发电的优势在于资源广泛、环保清洁及稳定可靠。太阳能利用太阳的发光、发热或光电效应将太阳能转化为电能，是目前最为常见的新能源发电技术之一。太阳能光伏和太阳能热利用具有诸多优点，包括可再生性、无污染性及分布广泛性。水能利用水流高低落差、潮汐或海浪等水动力资源进行发电，是一种历史悠久且技术成熟的新能源发电技术。水力发电具有稳定可靠、零排放及机械使用寿命长的特点。水力发电厂通过大坝或水轮机等设备捕获水流能量，然后转换为电能，供给各种用电设备。生物质能是一种利用生物质能源（如废弃物、农作物、木材等）进行发电的新能源发电技术。生物质能源具有诸多优势，包括可再生、减少温室气体排放及有效利用各种废弃物资源等。在生物能发电过程中，生物质通过燃烧、气化或发酵等方式转化为能源，从而产生热能或电能。

综上所述，电力新能源的发展包括风能、太阳能、水能及生物能等多个领域。这些新能源的开发利用对于实现可持续发展具有至关重要的意义。通过利用这些新能源，能实现能源结构的优化，降低对传统化石能源的依赖，减少温室气体排放，从而缓解气候变化、改善环境质量，并为经济社会的可持续发展奠定基础。

中国在新能源建设方面取得了显著成就。其中，三峡水电站作为世界上最大的水电站，为中国提供了大量清洁能源，并在水资源管理和洪水防治方面发挥着重要作用。此外，中国在光伏、风电和太阳能等领域也有许多重要项目。雅砻江柯拉光伏电站位于四川省甘孜藏族自治州雅江县，项目分布在川西高原海拔 4000 米至 4600 米，面积约 16 平方千米，约等于 80 个鸟巢体育场大小。电站装机规模 100 万千瓦，光伏组件达 200 多万块。柯拉光伏电站通过一条 500 千伏输电线路接入两河口水电站，实现水光互补，达到效益最大化。① 中国首个可并网兆瓦级高空风电示范项目在安徽绩溪成功发电，标志着我国高空风能发电技术的首次工程化实践。这个项目总装机容量为 2.4 兆瓦，利用 300 米至 3000 米的高空风能进行发电，② 具有重要的技术示范意义。高空风能发电是一项创新型技术，通过独特的设备组合捕获高空风能，将其转换为机械能，带动发电机组旋转实现持续稳定发电。相比于低空风能，高空风能具有丰富的风能储量、高速稳定的风速等优势，且环保无噪声。这些案例展示了中国在新能源建设方面的积极探索和创新努力，为实现清洁能源目标作出了重要贡献。

当前，电力新能源正处于迅速发展的阶段，而风能、太阳能和水能则成为其中增长最为迅猛的领域。随着全球对清洁能源的需求不断增加及技术的不断进步，这些新能源在能源领域的占比逐渐增加。这些新能源不仅在发电量上有所增长，而且在技术成熟度、成本效益等方面也得到了显著提升，随着新能源技术的不断创新和完善，预计在未来将继续成为电力能源领域的主要增长点，为实现清洁能源的普及和可持续发展作出更

---

① 百万千瓦级！全球最大水光互补电站开工建设 [EB/OL]. （2022 – 07 – 08）[2024 – 04 – 08]. 人民网.

② 我国首个可并网兆瓦级高空风电示范项目成功发电 [N]. 中国能源报，2024 – 01 – 22.

大贡献。

在这场深刻的能源变革中，我们欣喜地看到能源新基建正在以其独特的优势和巨大的潜力改变着世界。它不仅有助于解决能源短缺和环境污染等问题，还将为经济增长和社会发展注入新的活力。展望未来，我们有理由相信能源新基建将开启一个更加美好、更加繁荣的新时代。

随着能源新基建的深入推进，我们生活的每一个角落都将发生翻天覆地的变化。在交通领域，新能源汽车将逐渐取代传统燃油车，实现低碳出行；在建筑领域，绿色建筑和智能家居将成为主流，提高人们的生活品质；在工业领域，智能制造和绿色生产将成为新的发展方向，推动产业升级和转型。这些变化不仅将改善我们的生活环境，还将为经济发展注入新的动力。

随着全球对可持续发展和环境保护的日益关注，能源新基建作为推动能源结构转型和绿色发展的关键力量，其发展趋势和挑战备受瞩目。在这个领域，我们不仅要看到技术进步带来的巨大潜力，更要正视当前面临的多重挑战。这些挑战并非孤立存在，而是相互交织、多维度地影响着新能源的推进与落地。

技术层面，新能源领域虽然取得了令人瞩目的成就，但仍存在一些亟待解决的核心问题。储能技术的"瓶颈"就是其中之一。目前，储能技术在能量密度、循环寿命和成本等方面仍有待突破，这直接限制了新能源在更大规模和更广范围的应用。电网接入问题也是制约新能源发展的重要因素。随着新能源装机容量的不断增加，电网的稳定性和调度能力面临严峻考验，如何有效整合和管理这些分散、间歇性的能源资源成为当前亟待解决的问题。

市场接受度是新能源发展面临的另一大挑战。新能源的普及和推广不仅需要技术的支撑,更需要市场的广泛认可和接受。目前,新能源市场还存在一些制约因素,如成本较高、认知度不足等。这些问题导致新能源在市场竞争中处于不利地位,难以与传统能源相抗衡。提升新能源的市场竞争力、降低成本、增强公众认知度等成为当前亟待解决的问题。

在应对这些挑战的过程中,技术创新是关键。通过加大研发投入、推动产学研合作、引进国际先进技术等方式,不断提升新能源技术的创新能力和核心竞争力。还需要加强技术标准和质量认证体系建设,推动新能源技术的规范化、标准化发展。

市场推广也不容忽视。通过加强宣传教育、提高公众认知度、推广成功案例等方式,增强社会对新能源的认同感和接受度。同时,还需要加强国际合作与交流,拓展新能源的国际市场空间,推动全球能源结构转型和绿色发展。

在能源新基建的推进过程中,我们还需要关注其重心所在。这个重心不仅包括技术创新和市场推广等核心要素,还包括如何将这些要素有机地结合起来,形成一个协同发展、相互促进的良好机制。在这个过程中,政府、企业和公众等各方需要共同努力、密切配合,形成推动能源新基建发展的强大合力。

能源新基建作为推动能源结构转型和绿色发展的关键力量面临着多重挑战与机遇并存的局面。我们需要正视这些挑战并采取有效措施加以应对;同时,也需要抓住机遇并积极推动能源新基建的稳步前进和发展壮大。只有通过共同努力才能实现全球能源结构的转型和绿色发展的目标并为人类社会的可持续发展作出积极贡献。

　　总之，能源新基建的发展趋势呈现出多样化、智能化和可持续化的特点。随着全球对清洁能源需求的增加及技术的不断进步，新能源将成为未来能源发展的主流。未来，我们需要聚焦于提高能源生产效率、优化能源结构、保障能源安全和推动能源可持续发展，以实现能源新基建的战略目标，为经济社会发展提供可靠、清洁、高效的能源支撑。

第二节 能源新基建的数字融合模式

　　新能源与数字经济的融合模式，是推动绿色经济高质量发展的重要引擎。在这个模式中，新能源技术与数字化手段相互交织、相辅相成，为实现能源生产、转型、利用的智能化、高效化提供了新的路径和解决方案。这种融合模式将新能源的清洁、低碳、可再生特性与数字经济的信息化、智能化、互联互通特性有机结合，促进了能源产业的升级和转型，推动了绿色经济的快速发展。

　　在新能源与数字经济的融合模式中，新能源技术的不断创新和进步为数字化应用提供了丰富的数据与基础。通过物联网、大数据、人工智能等数字化技术，可再生能源的生产和消费的各个环节可实现数字信息的实时监测、分析与调控，从而进一步提高了新能源利用效率和资源利用率。同时，数字化手段也为新能源的大规模接入和智能化管理提供了便利，使清洁能源的应用范围和规模不断扩大。

　　其中，数字融合模式的探索与实践成为行业转型升级的重要引擎，特别是在源网荷储一体化方面的发展，更是引领了能源产业的新潮流。

将发电、输电、负荷和储能等各个环节有机结合，并推动多种能源相互补充发展，是电力行业坚持整体观念的内在需求，也是实现电力系统高质量发展的客观要求。

源端的数字化变革是这场能源革命中的先手棋。通过引入物联网、大数据等尖端技术，新能源发电设备的智能监控与维护已经迈上了一个新台阶。这些技术的应用不仅使发电设备能实时反馈运行状态，还实现了远程监控与预警，从而极大提升了新能源发电的效率和稳定性。这意味着，在风、光等自然条件变化莫测的情况下，新能源发电系统能更加智能地适应环境，保持持续稳定的电力输出。与此网络的智能化构建为能源新基建注入了强大的动力。智能电网的崛起，使得电网与新能源设备之间的连接更加紧密、高效。这种无缝对接不仅优化了电力的传输与分配，还降低了能源在传输过程中的损耗。智能电网的另一大优势在于其强大的自适应能力，能根据电力需求的变化实时调整电力供应，确保电网的稳定运行。在负荷侧管理方面，随着能源管理系统的不断升级，用户侧负荷的精准控制与优化调度已经成为可能。这些系统能实时分析用户的用电行为，预测电力需求的变化趋势，并据此制定合理的电力调度方案。这不仅提高了电力需求响应的灵活性，还为用户带来了更加经济、便捷的用电体验。

储能技术的创新则为能源新基建带来了更多的可能性。电池储能、超级电容等新型储能技术的出现，为电能的存储与调节提供了全新的解决方案。这些技术不仅能有效平衡电网负荷，还能在电力供应不足或过剩时发挥关键作用，保障电力系统的稳定运行。

综合来看，源网荷储一体化在能源新基建中的重要作用不言而喻。它不仅提升了能源产业的整体效率，还推动了行业的绿色、低碳发展。而数字技术在其中的应用，更是为能源行业的转型升级提供了强大的支撑。从源端的智能监控到网络的智能化构建，再到负荷侧的精准管理及储能技术的创新应用，数字技术已经深入到了能源产业的每一个环节。

这种综合发展模式有助于提高电力发展质量和效益，通过加强各环节之间的协调互动，充分发挥系统的灵活性和需求侧资源，实现资源的合理开发和科学配置，从而提高系统运行效率和电源开发综合效益，建立多元供能智能保障系统。最关键的是，这种综合发展还有助于促进区域协调发展，发挥跨区域发电、输电、负荷和储能之间的协调作用，扩大电力资源配置规模，推动西部大开发形成新格局，提高东部地区环境质量，提高可再生能源电量消费占比。

在未来的发展中，相信随着数字技术的不断进步和应用领域的不断拓展，能源新基建将迎来更加广阔的发展前景。源网荷储一体化的发展模式将更加成熟、完善，为构建清洁低碳、安全高效的现代能源体系提供有力保障。数字技术与能源产业的深度融合也将催生出更多的新业态、新产业，为经济社会的发展注入新的活力。

在这个过程中，我们还需要关注到一些挑战和问题。例如，如何确保数字技术的安全性、稳定性及可靠性，防止因技术故障而引发的能源安全问题；如何制定合理的政策和标准，引导数字技术在能源产业中有序发展；如何加强国际合作与交流，共同推动全球能源产业的绿色转型等。这些问题的解决将需要政府、企业、科研机构及社会各界的共同努力和协作。

能源新基建的数字融合模式及源网荷储一体化的发展是当前能源产业变革的重要方向。在这个过程中，我们既要看到数字技术带来的巨大潜力和机遇，也要关注到其中存在的挑战和问题，才能更好地把握能源产业的发展趋势，推动行业的持续进步和繁荣。

能源新基建的数字融合模式在发输配变用方面发挥了重要作用。通过数字化技术和信息通信技术的融合，能源发输配变系统得以实现智能化、高效化和可持续化。数字化融合模式使得能源系统的各个环节实现了信息的实时监测、分析和调控，从而提高了能源生产、传输和利用的效率。在发电方面，数字化融合模式使发电设备能实现远程监控和智能化运行，从而提高了发电效率和稳定性。在输电方面，数字化技术实现了电网的远程监控和智能化管理，优化了电力输送路径，降低了输电损耗。在配电方面，数字化技术实现了对电力分配的精细化控制，提高了配电的灵活性和可靠性。在用电方面，数字化融合模式实现了对用电数据的实时监测和分析，帮助用户优化能源利用方式，降低能源消耗。总的来说，能源新基建的数字融合模式在"发、输、配、变、用"方面的应用，使得能源系统更加智能化、高效化和可持续化，为能源行业的发展注入了新的活力。

能源新基建的数字融合模式在能源勘探开发、储存与运输及炼化领域发挥了重要作用。通过数字化技术与信息通信技术的深度融合，实现了能源产业链的智能化、高效化和可持续化发展。在勘探开发方面，数字化融合模式使得能源公司可利用先进的数据分析和人工智能技术，实现对地下资源的精准勘探和开发，提高了勘探开发效率和资源利用率。同时，数字化技术也为勘探开发提供了实时监测和远程控制的能力，加强了对勘探设备和生产过程的管理与控制，提高了安全性和稳定性。在储运与运输方面，数字化融合模式实现了对能源储存和运输过程的全程监控与管理，通过物联网技术和大数据分析，实现了对能源储存设施和运输管道的实时监测与预测维护，提高了能源储存和运输的安全性与效率。在炼化方面，数字化融合模式实现了炼油厂的智能化运行和管理，通过数据分析和人工智能技术，优化了炼油过程和产品配方，提高了炼油厂的生产效率和产品质量，降低了生产成本。综合而言，能源新基建的数字融合模式在能源勘探开发、储存与运输及炼化领域的应用，为能源产业的现代化转型提供了重要支撑，推动了能源行业向智能化、高效化和可持续化方向迈进。

数字融合模式在能源新基建中的应用具有重要性和必要性。它不仅可以提升能源系统的智能化、高效化和可持续化水平，还能推动能源行业向数字化、智能化和绿色化方向发展。为实现这一目标，加强合作、加大投入、促进技术创新是至关重要的。只有通过各方的共同努力和合作，才能更好地推动数字融合模式在能源新基建中的广泛应用，为能源行业的转型升级提供有力支持，推动能源产业的可持续发展，以应对未来能源挑战。

第三节 新型能源体系的新基建策略

在面对当今全球能源挑战的背景下，构建新型能源体系已成为一项迫切的任务。新型能源体系以清洁、低碳、可再生能源为基础，利用先进技术和系统来实现能源的高效利用和可持续发展。为了实现这一目标，制定新基建策略势在必行。新基建策略旨在推动能源产业从传统向现代化的转变，提升能源生产、转化、传输和利用的效率与可持续性，以满足不断增长的能源需求，同时减少对环境的不良影响。在这个关键时刻，我们需要审时度势，制定切实可行的新基建策略，引领能源领域向着更加清洁、智能、可持续的未来迈进。

在新型能源体系的新基建中，大力发展新能源是至关重要的战略举措。首先，将加速推动风电和太阳能发电，通过优化资源开发布局，推动大型风电光伏基地建设，并逐步发展海上风电和海上光伏，并在工业园区和经济开发区推动分布式风电开发。其次，将统筹水电开发和生态保护，科学有序地推进大型水电基地建设，并优化已有水电站，以确保生态环境的可持续性。再次，将安全积极地有序发展核电，在保障安全的前提下推进沿海核电项目建设，并推动核能在清洁供暖和海水淡化等领域的应用示范。最后，将科学有序地发展氢能等新能源，重点发展可再生能源制氢，并逐步构建清洁、低碳、低成本的多元制氢体系，同时推动生物质能、地热能和海洋能等新能源的发展。这些举措将有助于推动我国能源结构的转型升级，实现清洁、低碳、高效、可持续的能源发展目标。

新型电力系统以新能源为核心，具有激活数据要素、确保网架坚固、保障安全可靠、实现灵活有序、坚持透明可控等特征。其建设着重于五个方面的升级：广域互联、智能互动、灵活柔性、安全可控及开放共享。在新型能源体系的新基建中，加快构建新型电力系统是推动能源转型和可持续发展的重要举措。首先，将建立适合国情的清洁能源供给消纳体系，以大型风电光伏基地为核心、高效可控的煤电为支撑，并以特高压输变电线路为载体，实现清洁能源主导、多能互补、产销协同的分布式能源体系。其次，将优化电网结构和运行模式，深化研究智能电网建设，完善微电网、配电网等机制，提升配电网接入分布式电源的能力，并推动各级电网协同发展。再次，将完善电力需求侧管理，建立市场化的需求响应机制，推动需求侧资源参与电力市场交易，并鼓励综合能源服务体系的建设。最后，将推动储能等新业态发展，加强抽水蓄能电站建设，建立促进储能发展的市场机制，推进新型储能技术应用并使其参与各类电力市场交易，以实现电力系统调节资源的有效利用和新型储能技术的规模化应用。

新型能源体系的构建需要建设智能电网，也被称为能源互联网。智能电网能有效实现能源的高效传输和分配，将来自分散的能源源头和需求进行有机整合。通过智能电网，不同地区和不同能源类型的能源可以进行集成，实现优化的能源分配和供应。其建设涉及智能感知和监控、通信和信息技术应用、能源存储技术、预测和优化算法、快速响应和灵活调整，以及系统规划和设计等关键方面。通过实时监测、联网通信、能源存储、数据预测和智能化控制，智能电网能实现能源的高效传输、分配和管理，从而提高电网的稳定性和可靠性。智能电网的建设对于推动清洁能源的广泛应用和实现能源的可持续发展具有重要意义。

实现电网数字化是将物理电网在数字世界中进行完整映射，从而实现电网量值传递、状态感知、在线监测、行为跟踪、趋势分析、知识挖掘和科学决策的过程。这一举措不仅能有效提升电网的安全稳定运行水平，还能在综合智慧能源、四网融合、大规模储能等关键领域中发挥重要作用。通过新一代数字技术的应用，能促进能量流、业务流、信息流、价值流的合理流动，从而促进能源的优化配置和高效利用。这些措施将有助于提升智能电网整体运营水平，更好地发挥智能电网作为能源配置平台的作用。

推进应用试点示范是新型能源体系建设的不可或缺的组成部分。我们将在智能电厂、新能源及储能并网、输电线路智能巡检及灾害监测、智能变电站、自愈配电网、智能微电网、氢能与电力耦合、分布式能源智能调控、虚拟电厂、电碳数据联动监测、智能库坝、智能煤矿、智能油气田、智能管道、智能炼厂、综合能源服务、行业大数据中心及综合服务平台等关键领域开展全面的数字化智能化试点任务。这将以深入探索、先行先试的方式推动技术创新、运营模式和业态发展。同时，我们将加强对试点示范项目的评估管理，建立常态化的监测机制，提升项目管理的信息化水平。通过充分发挥多方力量在技术支持、试验检测和评估论证等方面的作用，将推动示范项目的成效评价和经验总结，并将成功经验向类似场景推广应用，以加强标杆示范的引领作用，确保新型能源体系建设能取得实效。

推动共性技术突破是新型能源体系建设的重要任务之一，应重点在以下几个方面展开工作。首先，应致力于加快研发智能传感与量测技术，在能源装备智能感知与智能终端技术方面取得更快的进展，以实现对大量终端设备的多传感器协同感知、实时数据采集和精准计量监测。其次，将推动特种智能机器人、无人机等技术装备的研发，提升其人机交互能力和成套化水平，以满足智能巡检、智能运维、故障诊断等典型业务场景的需求。再次，在能源系统智能调控技术方面，将专注于数字孪生模型和智能控制算法的开发，以提升能源系统仿真分析的规模和准确度，并加快研究信息物理融合能源系统应用的低成本、高性能信息通信技术，以提升现场感知、计算和数据传输交互能力。最后，在能源系统网络安全技术方面，将加强对能源装备及系统保护技术的研究，提升网络安全智能防护技术水平，实现自动化安全风险识别、阻断和溯源，同时推动能源数据安全共享及多方协同技术研发，以构建可信的数据流通环境，提高数据流通效率。这些举措将为新型能源体系的建设提供技术支持和保障，推动能源系统的智能化和安全化发展。

为实现新型能源体系的可持续发展和高效利用，需要综合考虑多方面因素，以减轻用电压力、提高能源利用效率为目标。首先，政府应该合理规划新基建的建设规模，适度将其向外转移，避免本地电力资源的大量消耗，并确保建设项目的利用效率。其次，在技术方面，应该鼓励新基建设备厂商和运营商积极探索绿色技术，提出节能降耗的解决方案，以减少资源的浪费。同时，政策和规划应该引导各方增加清洁能源的使用规模，设定管控标准，提高电力系统的用电灵活性和效率。最后，在用户侧，国家电网有限公司可通过奖励自发电行为，鼓励用户采用太阳能光伏等清洁能源。对于不愿意参与自发电的用户，政府可逐步调整阶梯电价，提高高阶梯的电价，以减少终端电力消费和浪费。这些举措将有助于优化新型能源体系的建设，推动能源的可持续发展和高效利用。

建设新型能源体系的新基建是一项复杂的系统工程，必须全面考虑能源供应、消费、技术和管理等多个方面。首要任务是确保能源安全，夯实国家安全战略基础，并在此过程中充分发挥传统能源的优势，使其在新型能源体系中充当重要支撑。在推进能源转型的过程中，我们必须警惕欧盟国家过早弃用传统能源所带来的风险，因此应该谨慎推进能源转型。同时，要抓住科技革命和产业变革的机遇，通过创新模式推动能源体系的转型升级，采用大数据、人工智能和物联网等技术提高能源利用效率，实现能源智能化运营和优化配置。另外，还需要加强能源存储和能源互联网建设，以解决可再生能源波动性问题，提高能源供应的可靠性和效率。同时，以能源高质量发展为抓手，加快提升能源行业的国际竞争力，制定明确的能源战略和政策，加大科技创新和研发投入，推动产业升级和转型，加强国际合作与交流，助力我国能源行业实现可持续发展和高质量发展的目标。总的来说，新能源在数字经济中的发展战略是一项长期而艰巨的任务，需要我们共同努力，方能取得成功。

第四节　能源数字新基建的未来前景

随着能源数字新基建的迅速推进，新能源数字经济体系的建设将加速发展。新能源装备智能制造和新能源工业互联网为核心的这一体系，将在国家能源转型、经济结构调整、大气污染防治、碳达峰和碳中和、全球竞争及"一带一路"国际合作等方面扮演越来越重要的角色。这一转型的动因主要源于全球气候变化对可持续发展的紧迫需求及前沿技术的快速演进。全球气候变化驱使社会对清洁、低碳能源的需求不断增长，而技术创新的催化作用为数字化转型提供了重要支持。其中，物联网技术通过实时收集、监测和共享数据，使得能源设施能够实现远程监控和精准管理；人工智能技术通过处理能源数据，优化能源系统的运行，提高能源利用效率；大数据分析和区块链技术则使能源交易更加透明、高效和安全。这些关键技术的应用将为能源数字新基建带来更加可持续和智能的发展前景。

随着科技的不断进步和能源行业的转型升级，新能源在数字经济中的发展前景愈发广阔。新能源技术的不断发展和完善为数字经济的蓬勃发展提供了强大的支持和推动力。可再生能源如太阳能、风能等的开发利用已经成为新能源数字新基建的重要组成部分，它们为数字经济提供了清洁、可持续的能源来源。通过数字化技术的应用，这些可再生能源的生产、储存、分配和利用得以更加智能化和高效化，为数字经济注入了新的活力。

此外，新能源汽车、智能家居等领域的发展也为数字经济带来了巨大的机遇。新能源汽车的普及和发展将催生出庞大的智能交通系统和电动车充电基础设施，为数字经济的交通出行领域带来了全新的发展模式。智能家居的普及则为数字经济提供了丰富的物联网应用场景，通过智能化的能源管理系统，家庭能够更加智能地控制能源消耗，实现能源的高效利用。

能源数字新基建作为一种全局性的解决方案，其意义远超过单一技术的革新，而是对未来发展方向的深刻洞察和坚定承诺。在这个过程中，政府、企业和社会公众的参与缺一不可。政府需要出台相应的政策法规，提供财政和税收优惠等激励措施，鼓励更多的企业和资本投入能源数字新基建的建设中来。企业要承担起技术研发和创新实践的主体责任，不断提升自身的竞争力，为社会提供更多的优质产品和服务。社会公众则要提高对可持续发展和生态环境保护的认识，积极参与到节能减排的行动中去，共同营造绿色、低碳的生活方式。

展望未来，能源数字新基建必将以其强大的创新活力和应用广度，成为推动经济社会发展的重要引擎之一。从城市到农村，从生产到生活，它都将在提高人民生活水平、提高环境质量、保障能源安全等方面发挥着不可替代的作用。我们有理由相信，随着这一领域研究的不断深入和应用的不断拓展，能源数字新基建将为实现人类社会的可持续发展贡献巨大的力量。

CHAPTER 03

新方向：数字经济下能源新基建的演化与发展

配电网建设向智能化、低碳化方向演进

在"碳中和"重要发展目标及能源结构转型的驱动下，作为能源新基建的重要载体，配电网承担着清洁能源就地消纳，促进源荷局域自平衡的重要任务。配电网直接面向用户，不仅在生产上有满足碳中和的内在要求，而且作为优质电力服务的提供者，在利导能源消费升级、推动用户侧碳资产管理等方面具有不可替代的作用。当前，配电网以上级变电站为电源，与用户之间单向的供需关系将难以满足碳排放约束下的新发展要求，这意味着需要变革传统的配电模式，未来智能配电网的形态将逐步向碳中和的方向演变。以碳中和目标为导向，碳排放约束将成为强约束，智能配电网所包含的资源要素、业务技术和服务机能等都将发生深刻变革。

首先，分布式电源消纳的重要性被进一步加强，成为经济

性、可靠性之外另一关键指标，这就要求清洁能源的渗透率要和所在区域的负荷需求适度匹配，最大程度实现碳中和的就地化平衡。然而，这将带来以下挑战：①风光比例、装机位置和容量如何确定，配置方案如何根据负荷特性实现优化调整；②如何解决电力电子化装备高比例接入后带来的系统惯性降低等运行控制问题；③包含风能、太阳能、氢能及燃气在内的多源协调运行面临的能量管理问题；④以燃烧化石能源为主要电能供给的变电站如何为新能源主导的配电网提供可靠且经济的后备容量支撑。总之，为满足碳排放约束，分布式电源不再作为单一的调控资源去考虑，以它为核心关联起多重要素相协同的整体，使配电网所包含的资源禀赋耦合更加紧密、形式更加多样。

其次，光伏和储能电池普遍输出直流电，各类数字装备、智能家居也大都是直流负载，在源荷都出现直流化的趋势下，为满足碳排放约束，有必要提升源荷匹配中间环节的低碳化效能。因此，低压直流配用电技术的优势将进一步凸显，不仅可以降低清洁能源的接入成本，实现低损耗、高可靠的传输和控制，而且可以承载更多电能替代产生的新型负荷。原来单一的交流配电系统将逐步发展成为交直流混联配电系统，使电网的结构形式更加复杂。

再次，智慧交通网和智能配电网之间的碳交互过程也将愈加深刻地影响配电网的发展。例如，电动汽车充电网络建设是交通碳减排的重要举措，充换电站本身就具有分布式特征，站点布局与道路规划、行车流量等因素密切相关，因而供能模式也将更加灵活，例如，在城市核心区可以采用电网为主、分布式光伏为辅的方式，在城际高速等开阔地域则可以采用自主式光储一体化的供能生态。这就意味着交通碳排放向配电网的转移，对配电网的内部组织，尤其是电气边界均具有较强的塑造作用。

能源的综合利用模式同样是影响智能配电网在碳约束下发生变革的重要外在因素。用户的冷热需求一直以来都是碳排放的主要来源，随着电能替代在冷热供应环节的推进，电制气、电采暖等技术不断成熟，配电运营商、供热公司和燃气公司之间的部门耦合将更加紧密。智能配电网作为用户侧综合能源互联的枢纽，一方面可以将电能消耗作为碳基准用于衡量转换效能；另一方面可以提升清洁能源并网后对冷热负荷的支撑比例。因此，为统筹碳要素在各能源介质中的流通，需要将智能配电网纳入多能协同的整体性结构中去考虑，不仅可以增强电网侧的阻塞管理能力，更有利于缓解能源综合利用趋势下系统性的脱碳压力，逐步扩大碳中和在生产、生活各个环节中影响的广度与深度。

最后，碳中和意味着对源荷匹配的精准对接和精细化调度，意味着可以对碳排放实行精准溯源和定位，因此对智能配电网的数据采集和状态感知能力提出更高的要求，物理系统和信息系统将发生更加深刻的融合，不同能源形式的数据共享和价值挖掘机制也亟须建立。换流器、柔性设备等高度电力电子化装置本身对控制信号具有较高依赖，稍加改造后即可成为物联网系统中的碳信息嵌入节点，同时借助数据驱动、区块链等技术手段，将给配电网的数字化和智能化转型创造新的发展契机。更进一步地，当数据的泛在采集和安全保护得到充分满足，碳交易市场与能源交易市场之间也将建立更加密切复杂的联动关系，从而在市场层面对智能配电网的发展形成新的推动力量。

| 第二节 | 电力系统规划向时间、空间维度延伸 |

数字经济深刻影响着电力系统规划与建设，一方面，数字技术赋能电力系统规划更加精细精准；另一方面，数字经济发展需要电力系统规划更加综合考虑，着眼整体、放眼未来。数字时代下有源配电网、微电网、屋顶光伏、整县光伏、虚拟电厂等多种新基建新模式不断蓬勃发展，主要的着力点和关键点在于智能配电网的规划与建设。

一、时间维度上的强耦合性

数字经济发展导致区域供电格局发生了时空维度的多层级变化，需要进一步考虑5G、数据中心等新基建的符合特征，对智能配电网规划在时间维度上提出了多层次、强耦合的特征要求，多时间尺度下的智能配电网规划如图3-1所示。多层次是指规划涵盖了年、日、小时等多种颗粒度不同的时间尺度，反映了规划和运行之间的相互作用。强耦合是指下一步的规划方案建立在上一步规划结果的基础之上，需要同时考虑当前的时效性和未来拓展的充裕性，从而尽可能地减少闲置或短缺。

远景规划一般考虑的是15~20年及以上的发展需要，根据实际进度安排将总体规划进一步细分为短期、中期等若干阶段，在以年为单位的时间跨度上，要首先考虑碳均衡指标的导向作用，从全局规划的视角出发，开展对环境承载能力和经济发展能

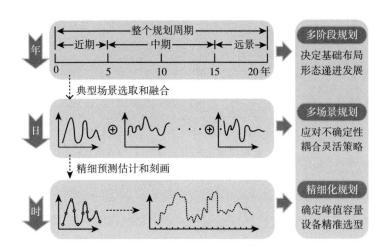

图 3 – 1　多时间尺度下的智能配电网规划

耗的预测分析，量化未来若干年内潜在的新能源可开发储量和可能产生的碳排放分布，大致确定各区块内的供需关系及各区块间的互济程度，决定变电站和网架的基础布局与容量配置，以及碳中和区的大致数量和规模，从而为划定碳中和区边界和预留由柔性配电装置形成的功率输送通道提供条件。

由于规划和运行两个层面上问题联系日益紧密，同时为了确保碳评估区获得最大中和能力，有必要在规划各阶段开展典型场景选取和融合方法研究，在以日为单位的时间跨度上，充分计及"源—网—荷—储"交互的不确定性过程，建立日碳排放特性数据库和碳减排日程清单，优化低碳微生态的日前调度和能量管理机制，尽可能地降低碳净比指标值，从而对配电网规划的复杂适应性和运行时的灵活策略调整提出更高的要求。

配电网规划中重要的一项是设备选型问题，配电侧分布式电源的功率输出将削减负荷峰值，在一定程度上缓解电力传输容量的限制，但由于分布式电源出力具有间歇性和波动性，在以小时乃至分钟为单位的时间跨度上，线路传输的峰值容量仍是待求解的规划变量。线路以及开关、换流器等设备的容量优选，对保证系统安全经济运行、提高碳中和区各配置环节的资产利用率具有重要意义。

二、空间维度上的动态演变

除此之外，新型能源体系和新型电力系统发展的本质需求是碳中和，因此能源电力系统新基建的规划与建设过程中需要考虑碳中和约束，这也集中体现在发电端的以新能源为主体和配电网侧向碳中和区演进。加快智能配电网规划建设，逐渐形成碳中和区，需要在整个周期内分阶段地递进式发展，也意味着配电网在空间形态上将发生动态演变，智能配电网动态演变如图 3-2 所示，包括碳中和区的延拓、收缩、融合与解裂等过程，主要涉及以下四方面问题。

（1）碳中和区电力边界如何确定的问题。电力边界是内外功率交换的位置，碳中和区内部源荷平衡与对外交换功率为零具有等价关系，所以负荷与风机光伏的容量增减、位置变动在很大程度上决定了碳中和区的边界，是促使碳中和区发生动态演变的主要驱动力，而边界的稳定性则取决于储能、柔性配电设备等可控资源的调控能力。电力边界的改变在形式上表现为配电网各部分间的优化重组，实质上反映的是投资经济性和碳中和能力两者相权衡后的发展断面。

（2）碳中和区之间的联络问题。一些碳中和区在满足自身约束的情况下，如果能量存储和调度空间仍有裕度，那么就可发挥

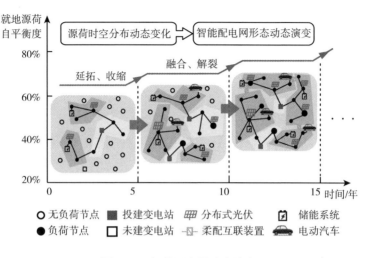

图3-2　智能配电网动态演变

辅助服务的作用，即通过多端柔性配电装置与相邻区域连接，形成蜂窝状结构和常态闭环运行方式，然后各区域以对等市场主体的角色开展碳中和机制下的能量交易，提高系统整体的资源利用效益，扩大碳排放约束的影响范围。

（3）碳中和区在多电压层级间的构建问题。变电站目前对由分布式电源引起的潮流倒送大多有较为严格的容量限制，所以变电环节是碳中和区之间良好的分界点。柔性变电站和具有电压变换功能的柔性配电装置响应速度快、数字化水平高，不仅是电能量测的关键节点，同样也是信息收发链路的重要组成部分，它们对传统变电站和变压器的升级替代将进一步增强智能配电网不同电压层级之间对"碳足迹"的监控与管理水平，促进清洁能源多级调度协同响应。

（4）电动汽车对碳中和区的影响。电动汽车既可以作为电力负载，也可以反向对电网充电，它跨区域的机动性也决定了它作为移动式碳载体的灵活性，从而具备对碳中和区边界弹性的塑造能力。开展对公交车、出租车等不同类型电动汽车出行规律的特性分析，研究电动汽车集群式调度方法和充换电站选址定容的规划方法，对"交通—电力"交叉领域的碳中和具有重要意义。

第三节 能源生产行业向数字化方向发展

在不断发展的数字化时代，煤炭与石油行业也不例外地面临着转型的挑战与机遇。随着科技的迅猛发展，数字化技术正逐渐渗透到能源行业的各个领域，为煤炭与石油企业带来了前所未有的改变与可能。从勘探与生产到运输与营销，数字化技术正在重新定义着整个行业的运营模式与商业模式。在这个变革的浪潮中，煤炭与石油企业不仅需要适应新的技术和趋势，还需要找到创新的方法来提高效率、降低成本，并更好地满足不断增长的能源需求，实现可持续发展的目标。

一、基于数字新基建的煤炭工业变革

目前，中国正在大力推进新型工业化基础设施建设，重点涵盖了5G、轨道交通、特高压电网、充电桩、新能源、数据中心、人工智能、物联网和工业互联网等领域。这些举措正以蓬勃的势头快速展开。煤炭工业以赋能发展为目标，推动转型升级，助力实现高质量发展。

中国正在传统工业化基础上构建新型工业化格局，注重信息化、数字化、网络化、智能化和绿色化等方面的要求。这是新一

代信息技术、智能技术及新能源技术等的应用和发展的结果。因此，新基建不仅包括新一代智能信息基础设施和新能源基础设施，还涵盖了经过信息化、智能化及绿色化改造的传统基础设施和传统工业。

新基建是中国经济加速推动传统产业转型升级、不断壮大新兴产业、打造经济发展新动能、提高全要素生产率的核心战略。在未来国际经济竞争中，数字经济将占据重要地位，以人工智能、工业互联网等为代表的数字经济正处于发展的关键时期。中央政府准确把握世界经济发展趋势，早已着手战略规划和布局新基建。2018 年底，中央经济工作会议提出，要加快 5G 商用步伐，加强人工智能、工业互联网、物联网等新型基础设施建设。2019年 12 月召开的中央经济工作会议再次强调，要着眼国家长远发展，加强战略性、网络型基础设施建设，明确要加快 5G 网络、数据中心等新型基础设施建设进度。这进一步推动了新基建的发展，新基建也将为煤炭工业的智慧化发展带来新的动能。

在"碳达峰、碳中和"目标背景下，随着新型电力系统建设不断深化，我国新能源发电占比逐步提升，其波动性、随机性也给电力系统运行带来更大不确定性。作为目前阶段常规主力电源的煤电加快向基础保障性和系统调节性电源转型，仍承担着保障系统可靠发电容量的基础性作用。与此同时，随着新能源快速发展，煤电转变经营发展模式，煤电机组越来越多时间"备而不用"，加之受近年来煤炭价格波动影响，单一制电量电价难以保障煤电回收全部固定成本，煤电企业出现大面积亏损，导致存量机组的可靠运行面临更大挑战，新增机组投资建设意愿降低，长此以往可能影响电力系统安全运行。

2023 年 11 月国家发展改革委、国家能源局联合印发《关于建立煤电容量电价机制的通知》（以下简称《通知》），决定自 2024 年 1 月 1 日起建立煤电容量电价机制，对煤电实行两部制电价政策。这项政策的落地不是一蹴而就的，更加需要电网企业、发电企业向用户充分阐释建立煤电容量电价机制对发挥煤电支撑调节作用、更好保障电力安全稳定供应、促进能源绿色低碳转型的重要意义。同时，从更深层面看该政策落地对煤电实现向兜底调峰转型起到了积极作用，进一步推动了煤电转型发展。一是容量电价机制的实施，将为煤炭产业提供转型升级的机遇。在新的电价机制下，进一步优化科技创新平台，加强煤炭高效清洁燃烧、煤基新材料、煤炭综合利用等领域前沿引领技术、关键核心技术和重大项目研发，以推进煤炭清洁高效利用科技攻关，从而提高煤炭的利用效率，减少环境污染，实现从传统的资源型产业向技术型、服务型产业的转型。二是挖掘煤电减污降碳潜力，在沙戈荒大基地周边、川渝滇黔等水电富集地区等电力输出地区，因地制宜布局承担能源保供与促进新能源消纳的清洁高效煤电，既是充分利用煤电能源保供"压舱石"功能的手段，也是进一步贯彻落实能源安全新战略必不可少的措施。三是在政府部门、能源企业共同努力下，建立覆盖煤炭行业"探—建—产—选—运—储—销—用"全产业链云网融合数字基础设施，开创煤炭工业数字化、智能化、高端化、绿色化、集群化的高质量发展格局，从而发展煤电新质生产力，打造能源高质量发展的坚实基础。

在 2020 年 3 月，中共中央政治局常务委员会会议强调，要加快新型基础设施建设的进度，特别是在 5G 网络、数据中心等领域。这些被统称为新基建的项目涵盖了 5G 基站、特高压、轨道交通、新能源汽车充电桩、大数据中心、人工智能、物联网和工业互联网等，是新一代信息技术推动的基础设施建设。根据相关数据，2020 年新基建领域的投资规模约为 1.2 万亿元，预计到 2025 年将达到 10 万亿元。新基建不仅推动着新兴产业和经济的发展，也为传统产业的转型升级注入了新动力。这一举措标志着新基建将为煤炭行业带来新的活力。首先，新基建的大规模投资和相关产业的制造将进一步推动煤炭需求。其次，在新基建的推动下，煤炭产业将不断进行数字化、信息化和智能化的转型升级，建立全方位的智能化煤矿系统，实现煤炭供给和安全生产的历史性跨越。最后，受新基建影响，煤炭企业将不断适应市场需求，加强全要素、全产业链、全价值链的新型煤炭生产和服务体系建设，推动智能化生产、网络化协同、个性化定制、服务化延伸和数字化管理的应用。这些举措将催生煤炭行业的新经济增长点，加速行业的高端化、智能化和高质量发展，实现煤炭行业的可持续发展。

二、基于数字新技术的油气产业变革

随着新一代信息技术的快速发展和国家基础设施建设的不断推进，石油工业在新基建领域扮演着重要角色。新基建项目的兴起为石油工业带来了巨大的发展机遇，同时也带来了挑战和责任。在这个充满活力的时代背景下，石油工业正积极响应国家号召，加速技术创新、设施建设，以满足社会对能源需求的不断增长，同时助力国家实现经济高质量发展的目标。

随着新一代信息技术尤其是云计算的迅猛发展，物联网产业正在迎来爆发式增长。在能源行业，特别是油气生产领域，由传统的人工监控向自动化、智能化、无人化的转变势在必行。为了实现油气生产过程的全面实时监测，需要利用物联网技术将生产设施中的各种传感设备、传感器及智能仪表等进行联网，从而推动油田的数字化和智能化建设。因此，数字油田的概念被提出。

数字油田是指利用先进的信息技术，如物联网、大数据分析、人工智能等，对油气勘探开发过程中的各个环节进行数字化管理和智能化优化的油田。通过实时监测、数据分析和智能决策，数字油田可以提高油气勘探开发的效率、安全性和经济性，减少人为因素的干扰，提升油田的整体运营水平。其核心目标是实现油气生产过程的全面数字化、智能化和无人化，以应对挑战并提高油田的产能和生产效率。

对数字油田的深入研究表明，它是一个综合性概念，涵盖了感知层、网络层和应用层三个方面。数字油田的最终目标在于实现数据驱动的生产运营新模式，从传统的基于数据和经验的决策方式向基于数据与智能的决策方式转变。

感知层是数字油田的基础，涵盖了各种传感器、监测设备和数据采集系统。这些设备负责实时收集油田生产过程中的各种数据，包括地质勘探数据、生产设备状态数据、环境监测数据等。感知层的建设能够实现油田生产过程的全面监测和数据采集，为后续的数据处理和分析提供基础。网络层是数字油田的连接枢纽，包括网络设备、通信技术和数据传输通道。在数字油田中，各种传感设备和数据处理系统需要通过网络进行连接和通信，以实现数据的传输和共享。网络层的建设能确保油田各个环节之间的信息互通，提高数据处理和分析的效率。应用层是数字油田的核心，包括数据处理、分析和应用系统。在数字油田中，通过利用大数据分析、人工智能等技术，对采集到的数据进行处理和分析，提取有价值的信息和规律，为油田生产决策提供支持和指导。应用层的建设能实现油田生产过程的智能化管理和优化，提高生产效率和经济效益。

因此，数字油田的建设对石油工业及其新基建的发展具有重要意义。一方面，数字油田建设是应对复杂油田生产环境的现实需要。近年来，受国内外市场环境、技术进步及新冠疫情等多种因素的综合影响，全球原油需求呈现大幅下滑趋势，国内原油供应和成品油消费也遭受了不同程度的影响。同时，随着"双碳"目标的提出，国内石油公司将面临更为严峻的生产环境挑战。作为国家油气生产和消费的主体，油田公司的生产和运营状况对国家能源安全及社会稳定具有至关重要的影响。另一方面，数字油田建设也是促进油田公司数字化转型的重要路径。数字油田以智能数据为基础，以智慧服务为支撑，形成生产数字化、管理智能化、决策科学化的生产运营新模式和新业态，从而推动企业降本增效，提高企业核心竞争力。

石油工业与新基建正在深度融合，我们迎来了一个技术创新和可持续发展并重的全新时代。新基建为石油工业提供了更广阔的应用场景和发展空间，而石油工业的先进技术和丰富经验也为新基建注入了强大动力。未来，将继续加强合作，推动石油工业与新基建的深度交融，为构建更加智慧、高效、绿色的社会基础设施贡献更多力量。

第四节 城市能源消费向数字孪生形态升级

作为能源新基建的核心内容，智慧能源系统是与城市生产生活紧密关联的重要基础设施，也是构建智慧城市的关键环节之一。打破冷、热、电、气等供能系统独立规划、建设、运行与服务的既有模式，构建高度协同的智慧能源系统，是面向智慧城市能源发展的一种典型实践。未来智慧能源系统的发展目标将不再局限于满足社会能源需求，还需要将视角提升到支撑城市全局发展层面。先进信息化与数字化技术的进步为面向智慧城市的智慧能源系统提供了发展契机，各种高级传感、量测、通信、控制技术与装备的应用创造了全面的信息连接和海量的数据基础。立足于未来智慧城市建设对能源系统提出的新需求，以数字孪生技术理念作为智慧能源系统与城市系统广泛融合、交互、协调和优化的重要基础，围绕智慧能源系统数字孪生的基本理念、发展驱动、价值特征、发展挑战、应用场景等问题进行分析，希望能够为未来智慧城市能源系统的发展提供一些借鉴。

一、发展理念与驱动力

数字孪生又称为数字镜像、数字双胞胎，旨在构建复杂物理实体从现实空间到虚拟数字空间的全息映射，通过虚—实信息链接，刻画和模拟出物理系统实时状态与动态特征，从而可以在虚拟环境中完成真实世界难以开展的各种分析研究，并支撑各种高级应用。数字孪生的应用始于对复杂装备的状态刻画，用于航空器设计、复杂产品制造等。此后，随着传感量测和信息通信水平的提升，以及硬件计算能力的不断增强，数字孪生开始向具备一定空间规模的系统扩展，如用于油田产能预测与调度等，目标是通过多源数据的汇集融合、分析计算与可视化，实现上至系统全景、下至关键装置的状态呈现和分析应用。

数字孪生理念对智慧城市与智慧能源系统的协调发展同样具有重要意义。在未来智慧城市中，希望能够将能源系统整体嵌入到城市的运行管理当中，进而既能与其他领域进行灵活信息交互，又能面向城市不同需求提供可定制的能源服务和支撑。考虑到智慧能源系统的复杂性，能源与其他多领域的协调交互、在大规模复杂城市层面的协同优化等都需要在数字空间中完成，人工智能等先进信息技术的应用也需要依赖数字空间提供的融合数据基础和高效的执行环境。

对智慧能源系统自身来说，受多种能源形式在"产—配—储—用"全过程中深度耦合的影响，其运行特征将与传统独立能源系统显著不同，并体现出多物理系统耦合、多时间尺度动态特性关联、强非线性和不确定性等混杂特征，导致智慧能源系统的规划设计、能量管理、检修维护等问题十分复杂，必须依赖对系统运行状态和特性的深层次理解与掌控。此时，多源量测的融合、系统特性的分析、发展态势的预测、控制决策的优化等都需要在数字空间中更加高效地完成。

总的来看，数字孪生已成为当前复杂系统数字化和信息化发展的共性目标之一，不仅可为系统自身建设运行水平的提升提供手段，同时也为传统领域与"大云物移智链"前沿技术成果融合后的潜力释放创造了有利条件。在内部需求发展和外部技术进步的双重驱动下，数字孪生逐步发展成为智慧能源领域的热点问题。

二、基于数字孪生的智慧能源系统规划设计

智慧能源系统规划设计目的是在求取目标规划周期内能够满足负荷需求的最优系统配置与结构，是综合能源技术应用的首要环节，而数字孪生将给智慧能源系统规划设计理念与实践带来新的内涵，基于数字孪生的智慧能源系统规划如图 3 - 3 所示。

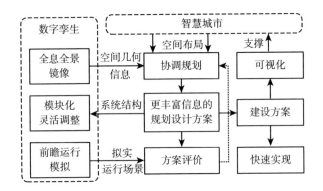

图 3 - 3　基于数字孪生的智慧能源系统规划设计

数字孪生的模块化思想既体现了对智慧能源系统的灵活配置能力，又体现了对其优化规划数学问题的模块化组合能力，这使基于数字孪生的系统规划设计更为简便。特别是，随着未来更加统一的数字孪生标准规范的建立，以及在制造业中的广泛应用，各种能源生产、转换、消费环节和装置的数字孪生可能在出厂阶段便已经建立，并作为一种附加产品功能或服务提供给用户。这将极大地提升智慧能源系统作为一种复杂产品模块化组合的规划

设计效率。

此外，通过数字孪生实现包括能源系统空间结构特征在内的全息镜像，能够支持规划设计方案和建设实施方案的一体化，即在规划设计阶段就考虑规划方案与能源管廊、建筑空间、城市布局等的匹配关系，使规划方案在现实环境中的可实现性，以及与城市整体建设方案的协调性能够作为规划设计的重要约束。进一步讲，将数字孪生技术与3D打印建筑等技术结合，实现基础设施快速建设，将大幅缩短从规划设计到建设运行的周期。

最后，数字孪生为规划方案的评价提供了测试环境。智慧能源系统运行环节的源、荷不确定性将显著影响规划方案的实际性能。数字孪生，一方面能提供更加完备的运行模拟能力，支持与外部风、光资源与环境温度等各种真实要素的交互；另一方面还能聚集相似系统在全生命周期中得到的运行经验，使规划方案的性能评价更加客观和准确，为贴近现实的最优规划决策奠定了基础。

三、基于数字孪生的故障预警与预测性维护

运行维护环节是影响智慧能源系统运行成本、能效与可靠性的重要因素。在现阶段，对智慧能源系统运行风险诊断能力仍有不足，特别是对城市地下电、气、热管线的状态监测更加困难，定期检查仍然是能源系统运维的主要方式，这意味着很难找到系统运维成本与安全可靠水平之间的最佳平衡，甚至可能导致严重故障损失。数字孪生在运维阶段的应用体现在两个层面：在设备

层面，大量专用的传感量测数据可和设备历史运行数据等共同用于设备级数字孪生的构建，满足关键设备健康度评价等应用需求；在系统层面，各关键设备的风险特征信息可在系统级数字孪生中融合，利用同类型设备故障特征数据、历史运维数据、能源系统量测数据等共同完成对系统风险状态的刻画，从而为更加完备的状态监测、故障预警与预测维护提供支撑。智慧能源系统故障预警与预测维护如图 3 - 4 所示。

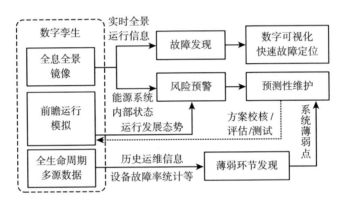

图 3 - 4 　智慧能源系统故障预警与预测维护

数字孪生的应用价值与意义体现在以下三个方面。

第一，借助数字孪生提供的全息数字镜像与可视化能力，常规手段难以获取的复杂环节内部状态信息能通过虚拟现实、增强现实等技术手段直观呈现给运维人员，这给智慧能源系统的异常快速发现、故障检测与诊断提供了重要手段，现场人员可以基于数字孪生提供的信息快速定位故障点并实施修复。

第二，利用数字孪生的多源数据集成利用能力，可基于系统运行历史、发展态势、设备状态、同类型设备故障统计等信息进行综合研判，预测供能环节运行寿命和故障概率，支持更加精准的预测性维护；并为各种运维方案提供灵活高效的虚拟测试与评估环境。

第三，数字孪生可从系统层面描述个体装备状态对整体系统运行水平的影响，能将装置级的能效、可靠性等数据融合为整体系统级运行性能指标，进而可从全局视角确定系统运行的薄弱点和关键环节，根据各环节影响不同，灵活确定运维周期和运行方案，对降低系统运维成本、提升运维效率有着重要意义。

四、基于数字孪生的智慧能源协调控制与优化

当前，对智慧能源系统的运行优化大多基于特定的稳态模型实现。然而，实际系统中多类型能源的生产、传输、转换与消费特征难以采用简单模型刻画，而是与系统运行环境、工况等因素密切相关，考虑实现不同装置真实状态的精细化运行调度对智慧能源系统运行实践有着重要意义。对此，利用数字孪生对真实系统实时状态的全景镜像与行为特征刻画能力，能够将各种能源的调度响应速度、转换效率、装备状态、管线阻塞、传输耗散等复杂因素都在数字空间中呈现，从而能将更全面的信息纳入优化调度问题中来，实现多种能源形式生产、传输、消费全过程的精细化调度与管控，有效提升优化策略的实用价值，基于数字孪生的智慧能源系统运行优化如图 3-5 所示。

借助数字孪生的精细化虚—实交互能力，优化得到的运行控制策略能通过数字空间到现实空间的关联映射快速部署至底层装备，反馈至数字空间中的状态数据又能用于综合判断控制效果和修正控制策略，由此可实现各种供能装置协调的精细化闭环控制，提升系统整体调控水平。

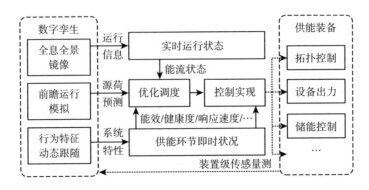

图 3 – 5　基于数字孪生的智慧能源系统运行优化

五、基于数字孪生的能源—城市多领域协同

　　未来智慧城市将具备更高的信息化和数字化水平，从而在整体上形成数字孪生城市的概念。此时，智慧能源系统数字孪生可以作为其中的关键组成部分，在支撑城市发展与高效运行中发挥重要作用，智慧能源系统数字孪生支撑下的智慧城市如图 3 – 6 所示。

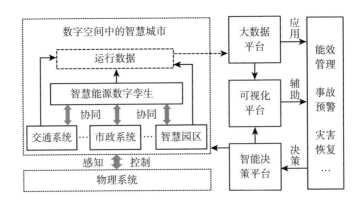

图 3 – 6　智慧能源系统数字孪生支撑下的智慧城市

　　利用智慧能源系统数字孪生的数据融合与利用能力，可形成城市发展的能源大数据基础，支撑各种高级数据分析应用。例如，通过数字孪生汇聚的电力、水力、热力、燃气等能源消费数据，并与城市人口、气象、地理等信息相结合，可用于研判城市经济发展态势，为城市规划建设提供更加丰富和准确的决策依据；利用数字孪生提供的用户侧模型与数据，能刻画用户的生活与消费习惯，辅助形成新的城市管理与商业运营模式等。

　　能源安全是城市安全的重要内容。智慧能源系统数字孪生的全景感知能力使其能够用于发现系统运行风险、判断故障位置，提升能源供应的安全性与可靠性。而进一步通过智慧能源系统数字孪生与城市管理系统的结合，一方面能够有效降低城市环境灾害对能源安全的影响；另一方面也能在城市遭受极端灾害时及时恢复关键负荷能源供应，更好地发挥城市管理与调度功能。

　　智慧能源系统数字孪生可以作为关键模块嵌入到智慧城市当中，通过与其他城市领域的统一数据接口，支撑与不同领域的协调和互动，实现城市全局运行优化。例如，随着电动汽车的普及，能源网与交通网将通过大规模的电动汽车紧密耦合在一起。交通系统将通过影响电动汽车充电需求分布，进而影响电力系统。反之，电力系统将通过影响充电站的服务能力和价格，影响电动汽车的出行行为，继而影响交通系统。未来智慧城市中，智慧能源系统数字孪生能够进一步与先进控制技术和人工智能技术等结合，使其能够基于对城市交通状态等信息的理解形成自身优化运行策略，并利用虚—实闭环实现能源流和价格的实时调度控制，从而实现能源与城市各领域的有效互动。

CHAPTER 04

新技术：数字经济下能源新基建的核心应用

第一节　数字技术赋能能源新基建

数字技术在管理复杂能源系统中发挥着关键作用，彭博新能源财经（BNEF）数据显示，数字技术在能源领域的应用市场规模已达 520 亿美元，其中约 46% 用于化石能源电厂的运营管理。[①]能源革命和数字革命深度融合是大势所趋，能源系统日益呈现数字化、智能化属性。在可再生能源迅猛发展、新一代数字技术与能源行业日益融合的背景下，能源系统生产关系将逐渐发生变化。能源数字经济将推动能源消费者向产消者转变，系统不确定性显著增加，能源数字经济已经形成一种新的颠覆力量。数字技术在能源新基建中主要应用于推进能源产业的数字化转型，通过大数据、云计算、物联网及人工智能等技术提升生产效率和管理水平，

---

① 能源数字化："第六能源"作用凸显［EB/OL］.（2022 – 02 – 14）［2024 – 04 – 08］. 能源信息网.

支持新能源发展和产业升级，为实现绿色可持续发展提供了新的机遇和路径。其中，物联网在物理层为数字技术提供支撑，"大数据＋人工智能"已成为决策层不可或缺的技术手段，云计算则缩短了物理层与决策层的"距离"，快速实现能源预测和管理，这些数字技术相互结合与推动，共同为数字经济下的能源新基建赋能，下面将对上述四个关键技术在能源新基建中的应用进行概述。

物联网在能源设备监控中扮演着重要的角色。它通过将传感器、控制器和通信技术相结合，实现了对能源设备的实时监控和管理。物联网技术能够收集大量的数据，并通过数据分析和预测，帮助企业更好地了解能源设备的运行状况，及时发现故障并采取相应的措施。此外，物联网还能实现远程控制和维护，提高能源设备的运行效率和安全性。

近年来，物联网逐步加速在工业场景的应用与落地，成为智慧管控的重要技术支持。如各类发电设施（火电、水电、风电、光伏发电等）、各种储能设施（相变储热、冰蓄冷、水蓄冷、各种新能源电池等）及不同场景下的能耗管理系统（如工业用电、商业用电、新能源电动汽车等），通过与物联网的融合发展，实现智能、高效的能源管理，对于提高能源利用效率、减少能耗成本、实现能耗优化等具备重要作用。

随着社会经济的发展和人口的增长，能源需求量不断增加，能源管理成为各国政府和企业的重点工作之一。传统的能源管理方式主要依靠人工手段和简单的自动化设备，存在数据收集不全面、处理不及时、分析不准确等问题，导致能源管理效率低下。而大数据技术的出现，为能源管理提供了新的思路和方法。大数据的概念指的是利用各种先进技术和工具来收集、存储、处理及分析海量数据，从而发现潜在的模式和趋势。能源大数据理念则是将电力、石油、燃气等能源领域数据进行综合采集、处理、分析与应用的相关技术和思想。

能源大数据技术的应用可以提升效率、降低成本，同时推动可持续发展。了解能源使用情况并采取相应的措施至关重要。能源大数据技术还可以实现实时数据监控、分析能源消耗模式，以便更好地理解能源使用情况，识别潜在的能源浪费点。在能源管理过程中，利用能源大数据技术还可以帮助提升能源效率，通过数据分析和预测来优化能源生产、转换和利用的过程。在工业生产中，能源消耗一直是一个重要的成本支出，利用大数据分析设备运行数据、生产流程，并结合机器学习算法，可以优化生产计划，降低不必要的能源消耗，提升生产效率，降低生产成本。

能源大数据不仅是大数据技术在能源领域的深入应用，也是能源生产、消费及相关技术革命与大数据理念的深度融合，将加速推进能源产业发展及商业模式创新。随着企业更加注重科技创新，大数据在能源行业应用的前景将越来越广阔。能源大数据以数据开放共享为核心理念，是应用互联网机制与技术改造传统能源系统的最佳切入点，也是推进能源系统智慧化转型升级的有效手段。能源大数据是打破行业壁垒、促进各种能源系统融合的助推剂，将催生一批智慧能源新兴业态，亦是实现能源行业转型升级、打造新的经济增长点的关键技术，也能够将电力、石油、煤炭等能源领域数据，以及人口、地理、气象等诸多领域数据，进行综合采集、处理、分析与应用，发展能源大数据将加速推进能源产业发展及商业模式创新。

通过收集历史能源使用数据，人工智能模型可以自动学习和识别能源消费的模式和趋势，从而实现能源的高效利用。在电力系统优化方面，人工智能技术被广泛用于预测不同时间段和条件下的电力需求，帮助电网运营商更准确地预测负荷变化，平衡电网负荷，提高电网的运行效率；在电力用户消费侧，利用人工智能技术进行需求响应管理，分析用户的消费模式，通过调整价格策略以平衡供需；在风能和太阳能等可再生能源领域，可以利用人工智能技术预测天气条件和能源产量，优化能源分配；在储能领域，人工智能技术优化的储能系统能够在能源供应过剩时储存能量，并在高需求时释放能量，确保能源的高效使用。总之，人工智能技术为能源预测和优化带来了巨大的价值，有助于实现绿色低碳、可持续发展的目标。

云计算在能源调度中的应用是一种新兴的技术，它通过网络化、智能化手段进行能源管理和调度，能极大地提升能源利用的科学性、高效性与环保性，具体包括以下技术优势：①网络化、智能化的管理，云计算能够实现对各种形式能源的网络化、智能化管理，提升能源调度的效率和响应速度；②资源池服务，云计算将不同的能源资源集结成大型的资源池，向用户提供服务，这样可根据用户的实际需求灵活调配资源，提高能源利用率；③动态性与弹性，云计算具有动态配置资源的能力，可根据能源使用的实时需求快速调整资源分配，确保能源供应的稳定性和经济性；④虚拟化技术，云计算采用虚拟化技术，使得物理资源能够得到更高效的利用，同时简化了资源管理和调度的复杂性。

我国的云计算技术领先，规模庞大，市场保持高速增长。根据中国信息通信研究院统计的数据，2022年我国云计算市场规模达4550亿元，较2021年增长40.90%。其中，公有云市场规模增长49.3%至3256亿元，私有云市场增长25.3%至1294亿元。①相比于全球19%的增速，我国云计算市场仍处于快速发展期，预计2025年我国云计算整体市场规模将突破万亿元。

目前，云计算在能源调度中的应用已经取得了一定的成果，部分城市已经实现了基于云计算的智能电网建设。数据处理与分析的优化云计算平台提供了强大的数据处理和分析能力，使能源调度人员能够处理大规模的数据，并从中提取有用信息。通过云计算技术，能源公司可以实时监控能源生产、传输和消费情况，实现更加精准的能源调度。通过云计算平台，能源调度人员可以实时监控能源供需情况，及时调整能源生产和分配方案，以确保能源系统的平稳运行。智能优化算法应用云计算技术结合人工智能和大数据分析，以预测能源需求和优化发电计划。这不仅可提高能源利用效率，还可为应对突发事件提供决策支持，同样能为能源调度系统提供智能优化算法。这些算法可根据历史数据和实时信息，自动优化能源调度方案，提高能源利用效率，降低成本，减少能源浪费。

第二节　数字技术在能源新基建中的典型应用

一、物联网在能源设备监控中的角色

1. 输变电设备状态监测

物联网技术为输变电设备状态监测诊断带来了设备状态无线

---

① 我国云计算市场规模达4550亿元 云计算机应用前景广阔[EB/OL]. (2023 - 08 - 24) [2024 - 04 - 08]. 中研网.

监测、高速数据传输、边缘计算和精细化诊断分析等先进技术。在设备状态监测诊断中应用物联网技术，面向企业数字化、网络化、智能化需求，构建精准、实时、高效的数据采集互联体系。其核心意义在于构建基于海量数据采集、汇聚、分析的服务体系，实现工业技术、经验、知识的模型化、标准化、软件化、复用化。基于目前全球化的工业物联网发展态势，可认为物联网在设备状态监测诊断中的应用范围、应用规模、应用成果将会不断扩大，应用效果也将向更好、更优的水平发展。

输变电设备健康监测物联网综合管理平台利用安装在设备上的传感器节点获取设备的健康状态监测信号和运行参数数据，经网络层集中上传至设备健康监测物联网综合管理平台，实现数据传输。应用层实现监测信号的分析、故障特征提取、故障诊断及预测功能，实现智能化管理、应用和服务。设备健康监测物联网综合管理平台具有强大的数据采集分析处理、数据可视、设备运维、故障诊断、故障报警等功能。通过实时监测查看、统计、追溯，实现对其管辖设备的实时监测和运行维护，基于运行信息和检修信息、自动生成设备管理报表，实现设备可靠性、故障数据、更换备件等信息统计，为设备维修方案制订提供依据。

2. 偏远地区设备监测

风电、光伏、石油和天然气等能源产业往往分布于自然环境复杂的偏远地区，人工开展设备定期巡检成本高昂且风险较大，物联网设备成为解决上述问题的首选方案。例如，在加拿大的偏远油砂开采地区，物联网技术被用于监测油井和管道的运行状况。通过在设备上安装的传感器，工程师可远程监测设备性能，并在发现问题时迅速作出响应，大大减少了环境风险和维护成本。物联网设备可以被用来实时监控开采设备的状态，包括引擎的温度、压力、振动等数据。通过预测性维护，可在设备发生故障前就进行维修，减少停机时间并延长设备使用寿命。在极端和危险的环境中，自动化的开采设备和遥控操作可减少对人员的需求，降低事故风险。通过物联网技术，操作员可以从安全的位置远程操控设备。通过物联网传感器，公司可以实时监控油砂开采过程中水、油和其他资源的使用情况。这有助于优化资源使用，减少浪费，并确保合规；也可以帮助监控物资的运输，确保及时补给，同时追踪设备和耗材的使用情况，从而优化库存管理和减少成本。由于偏远地区的特殊性，如极端天气条件和访问限制，物联网解决方案在这些地区尤为有价值。

二、大数据在能源管理中的作用

1. 电力系统负荷预测

电力系统是最复杂的人造系统之一，其具有地理位置分布广泛、发电用电实时平衡、传输能量数量庞大、电能传输光速可达、通信调度高度可靠、实时运行从不停止、重大故障瞬间扩大等特点，这些特点决定了电力系统运行时产生的数据数量庞大、增长快速、类型丰富，完全符合大数据的所有特征，是典型的大数据。在智能电网深入推进的形势下，电力系统的数字化、信息化、智能化不断发展，带来了更多的数据源。例如，智能电表从数以亿计的家庭和企业终端带来的数据，电力设备状态监测系统从数以万计的发电机、变压器、开关设备、架空线路、高压电缆等设备中获取的高速增长的监测数据，光伏和风电功率预测所需的大量的历史运行数据、气象观测数据等，因此在电力系统数据爆炸式增长的新形势下，传统的数据处理技术遇到了"瓶颈"，不能满足电力行业从海量数据中快速获取知识与信息的分析需求，电力大数据技术的应用是电力行业信息化、智能化发展的必然要求。

大数据技术的发展，成功实现了负荷曲线数据的高速处理，并且可预测到短时间内的用电量。通过对传统电力大数据技术在大量数据结构处理的改进，成功实现了电力大数据技术在规定延迟时间内的复杂、并行处理能力。同时，运用不同尺度进行处理的方式，某些应用甚至具有了实时反映、实时处理的能力。具体来说，大数据技术应用到电力负荷预测中有五个层级：第一层是数据采集层，系统会从各种数据源收集数据，包括用户用电数据、气象数据、经济指标、社会活动信息等；第二层是数据处理层，对收集到的数据进行清洗、整合和存储，使用大数据处理技术，如用 Hadoop 或 Spark 来处理海量数据；第三层是特征提取层，系统根据历史数据和相关研究，提取影响电力负荷的关键特征，包括温度、湿度、时间（工作日/周末）、节假日等；第四层是最重要的模型训练与预测层，使用机器学习和深度学习算法，如随机森林、梯度提升机（GBM）、循环神经网络（RNN）等，对电力负荷进行预测，通过交叉验证等技术选择最优模型；第五层是决策支持层，分析预测结果，为电网运营和电力调度提供决策支持，如调峰需求管理、紧急响应策略等。

2. 家庭能源管理系统

家庭能源管理系统（home energy management system，HEMS）是一种利用先进的信息与通信技术来监控、控制和优化家庭内部的能源使用的系统，其主要目的是提高能源效率，减少能源消耗，降低能源成本，同时提升居家舒适度和环境可持续性。大数据技术在其中有着多方面的应用，主要包括通过分析和处理大量数据来优化家庭能源消耗，实现能源节省和成本降低，同时提升居住舒适度。具体包括以下三个方面。

（1）能源消耗数据分析，其中包括数据采集和数据处理与分析，前者利用智能计量设备（如智能电表、水表等）和环境传感器（温度、湿度等）收集家庭的能源消耗数据及环境数据。而后者对收集到的数据进行处理和分析，包括数据清洗、归一化等，使用大数据分析技术（如时间序列分析、聚类分析等）来识别能源使用模式和趋势。

（2）设备使用习惯学习，通过机器学习算法学习家庭成员的生活习惯和设备使用模式，如何时使用能源最多、何时不在家等。根据识别出的使用模式，预测未来的能源需求，为能源优化提供数据支持。

（3）能源优化与自动化控制，利用大数据技术对比分析不同能源使用策略的效果，如需求响应策略、最优设备运行时间安排等，以制定最节能的策略，通过与家庭自动化系统的集成，自动调整设备运行（如空调、热水器、照明系统等），实现能源优化和成本节约。随着大数据技术的进步，未来的家庭能源管理将更加智能化和个性化。

三、人工智能在能源预测和优化中的价值

1. 电力预测系统

对于新型电力系统需要考虑新能源的随机性、波动性和间歇性，因其不稳定性对电网稳定运行和能源调度提出了更高的要求，人工智能电力预测系统可运用机器学习和深度学习算法，提升电力系统的状态感知能力、认知推理能力和优化决策能力。国际商业机器公司（IBM）的沃森（Watson）平台结合天气模型和认知计算，提高了对电力需求和可再生能源供应的预测准确性，帮助能源公司更好地规划和调度资源。对于太阳能和风能等可再生能源，Watson 平台能预测未来的能源产出。这有助于电网运营商在电力市场中更好地管理可再生能源的波动性和不确定性，也可利用来自能源设施的传感器数据进行高级分析，以预测设备故障和维护需求，从而减少停机时间并延长资产寿命。通过分析消费者用电模式和行为，其也可帮助电力公司设计更有效的需求响应策略，激励或引导用户在低峰时段使用电力，以平滑负荷曲线。它的预测能力不仅可以用于物理电力的调度和优化，还可以用于能源市场的交易和风险管理。通过预测市场价格和趋势，能源交易员可以做出更明智的购买和销售决策。通过这些应用，IBM 的 Watson 平台不仅提出了对当前情况的深刻见解，也为未来的策略规划和风险评估提供了支持。这些预测工具和服务使能源公司能够提高运营效率，优化资源配置，降低成本，并提高整个电力系统的可靠性和稳定性。随着能源系统越来越向智能化和自动化方向发展，Watson 平台等人工智能平台在能源预测和管

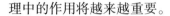
理中的作用将越来越重要。

2. 复杂系统的能源优化

对于潜艇、飞机、数据中心等结构复杂且能源效率敏感的特殊场景，实现能源分配的优化设计非常困难，人工智能技术可以在成本可控前提下解决这一问题。谷歌的人工智能深度思考公司DeepMind 使用机器学习算法，通过分析数据中心的运行数据，优化冷却系统的能耗，成功减少了电力消耗，提高了能源效率。首先工作人员收集了谷歌数据中心的各种运行数据，包括温度、功率、泵速、风扇等信息，这些数据汇集了数据中心冷却系统的实时运行情况。利用这些大量的历史数据，DeepMind 公司开发出高效的机器学习模型。这些模型能够理解数据中心的冷却系统，在不同的操作条件下表现如何，并预测其能耗。在不直接影响数据中心实际运行的情况下，通过模拟可以测试不同的冷却配置。AI 模型通过分析模拟结果来学习如何调整系统设置以降低能源使用。在确保安全和稳定性的前提下，将经过训练的模型应用于实际的数据中心管理中。模型会实时分析数据中心的冷却需求，并自动调整冷却系统的设置，如调整冷却塔的风扇速度、冷却水的流量等。机器学习模型不断从新的运行数据中学习，以进一步优化其预测和控制策略。这是一个动态的过程，模型会不断调整，寻找更节能的运行方式。通过与传统方法（如手动调整或简单的自动化系统）比较，评估 AI 系统优化能效的成效。DeepMind 公司报告称，使用其 AI 系统，谷歌数据中心的冷却系统能效得到显著提升，冷却能耗减少了40%。通过这种方式，DeepMind 公司不仅成功减少了数据中心的电力消耗，还证明了机器学习和人工智能技术在传统行业，特别是在能源效率方面的巨大潜力。这项技术的成功应用表明，人工智能可以帮助人们解决复杂的系统优化问题，为其他行业的能效管理提供了新的思路。

四、云计算在能源供应中的应用

1. 分布式能源管理

分布式能源管理是指对于分布在用户端的各种能源综合利用系统的规划、优化和运行的管理过程。例如，英国的开放能源（Open Energy）公司利用云计算平台，为商业和工业客户提供分布式能源资源的实时管理服务。这些资源包括风能、太阳能、储能系统及可调度的负载（如工业过程或大型空调系统）。Open Energy 公司的服务使得能源消费更加高效，并且有助于平衡电网，从而降低能源成本和减少碳排放。该公司提供的服务包括需求响应、电池存储系统管理和电动汽车充电站的智能调度，帮助客户优化能源消费，降低电力成本。通过安装在客户现场的设备，Open Energy 公司可实时监控能源消耗和生产。这些设备通过云计算平台连接，可使数据被远程收集和分析。通过其平台管理客户的电力消耗，以响应电网的需求。在电力需求高峰时，系统可以暂时降低消耗或利用现场的储能系统，帮助减轻电网负荷。利用算法和机器学习，Open Energy 公司的平台可以优化设备的运行时间和能源使用，提高效率同时降低成本。同时，也能让客户访问电力市场，通过买卖电力来优化他们的能源资产的收益。通过收集大量的数据，Open Energy 公司可以提供洞察力强的报告和分析，帮助客户理解他们的能源使用模式并作出更明智的决策。

2. 虚拟电厂的构建

虚拟电厂最初的概念由已故的西蒙·阿韦布赫（Shimon Awerbuch）博士在 1997 年提出。他将之定义为"一种由独立的、市场驱动的实体组成的灵活聚合体，可高效地为消费者提供能源服务，而不必拥有相应的资产"。通俗地说，虚拟电厂就是通过物联网、云计算等技术，将不同的用电方、储能方、分布式电源聚合起来，实现电力的弹性调整。即使是一户家庭、一辆电动汽车，也能成为虚拟电厂的一部分。

德国的新一代发电厂（Next Kraftwerke）运用云计算技术，整合了数千个分散的可再生能源发电站，形成了一个虚拟电厂。这个虚拟电厂通过云平台进行统一的调度，不仅提高了可再生能源的利用率，还参与电力市场的实时交易，增加了能源供应的灵活性。在电力供需不匹配的情况下，通过一定的激励措施，让用户主动改变自己的用电方式和用电行为，参与供需调节，从而减轻电力系统的压力。目前，该公司已成为欧洲最大的虚拟电厂运营商，截至 2022 年，Next Kraftwerke 已有 14414 个聚合单元、10836 兆瓦联网装机容量。

第三节　数字技术在能源新基建中的应用前景

在物联网技术日益成熟的今天，其在能源设备监控领域的应用前景广阔。未来，物联网由于其对设备状态、能耗情况进行实时监测的能力，将在能源设备监控中起至关重要的作用。通过物联网技术，能够实现能源设备和系统的统一管理，摆脱信息"孤岛"，从而更高效地管理和优化能源使用。

国家政策的支持为物联网技术在能源行业的应用提供了良好的发展环境。自 2009 年物联网概念被正式提出，到"互联网＋"行动计划的实施，再到能源互联网行动领导小组的成立，这一系列举措都促进了物联网与能源行业的深度结合。中国物联网市场的快速增长，尤其是在能源领域的应用，预示着物联网在能源设备监控中的潜力和未来的发展空间。根据《2023 年中国能源物联网行业全景图谱》提供的数据，2021 年中国能源物联网市场规模超过 2900 亿元，且 2016～2021 年复合增长率约为 17.6%。随着技术的不断发展和设备接入量的增长，物联网有望带来更加可持续和智能化的能源未来。

大数据技术对于推动能源转型和可持续发展具有重要意义。通过大数据分析能源生产、转换和利用的数据，未来将进一步发现潜在的能源效率提升和碳排放降低的方法，还可以帮助监测和评估可再生能源的利用情况，推动可再生能源在能源结构中的比重增加，减少对传统化石能源的依赖，实现能源可持续发展的目标。大数据在能源预测准确性方面也将进一步提升，在指导能源行业决策方面将扮演更加重要的角色，可以对能源管理产生革命性的影响。随着大数据技术的不断发展和应用，能源管理将变得更加智能化、高效化，为实现能源可持续发展和节能减排目标提供强大支持。此外，能源大数据作为人工智能技术实现的重要前提，其蕴含的间接价值难以估量。

未来的能源系统将通过人工智能实现自我学习和适应，实时响应环境变化和用户需求，实现更高效的能源管理，并进一步提高能源预测的准确性。随着物联网技术的发展，家庭和企业将更多地采用智能设备，人工智能将帮助这些设备学习用户的行为模式，自动调整能源消耗，实现个性化能源管理。人工智能将促进能源行业与其他行业的融合，例如，通过与交通、建筑等行业的数据整合，人工智能可以提供更全面的能源解决方案，实现行业间的能源互联互通。随着技术的进步，人工智能在能源领域的应用将越来越广泛，其潜在价值将得到进一步的挖掘和实现。

围绕能源业务和数字技术融合创新需要，能源新基建布局需要紧密跟踪基础性、前瞻性数字技术发展趋势，深入开展"卡脖子"高端芯片、5G、人工智能、区块链、电力北斗、物联感知、数字孪生、量子科技等关键技术研究，提升自主可控核心技术能力，实现数字化新技术与电网生产、企业经营和客户服务业务深度融合，推动技术创新与产业升级相互促进。

一是电力芯片技术加快电力高端芯片设计和产品化关键技术研发，形成从芯片到应用的全产业链生态，将电力芯片科研能力提升到国际先进水平，加大自主芯片产品统筹推广力度，加快规模化应用，有力保障电力装备的自主可控和安全运行。推进电力控制与计算处理芯片技术研究，提出针对电力复杂环境的安全可靠计算处理架构，突破高端主控芯片和 FPGA 芯片等关键技术，建立融合电力计量、多核异构计算和人工智能技术的芯片计算体系架构，从芯片底层提升智能电网安全可靠运行能力，为电力物联网提供强大算力支撑。

二是 5G 等新型无线关键技术。突破能源互联网与 5G、可信 Wi-Fi、低功耗广域物联网等无线通信融合应用的关键技术，深化 5G 等电力无线通信核心装备研制，深化无线通信安全技术研究，推动 5G 等新型无线关键技术创新和规模化应用，拓展物联感知的广度和深度，助力电网转型升级和企业创新发展。持续深化新型无线技术与能源互联网的融合创新，围绕能源互联网各领域的典型应用需求，因地制宜选择 5G、可信 Wi-Fi、低功耗广域物联网等无线通信技术，攻克电力典型应用场景的本地及远程通信融合应用、组网模式、端到端业务承载等关键技术，建设 5G 等无线通信网络及电力业务一体化试验检测环境。

三是人工智能技术。聚焦感知智能、认知智能、多模态融合、混合增强等技术，深化关键技术攻关及自主可控，支撑模型精度提升，促进人工智能技术广泛应用落地，助力服务中台化建设。开展云边协同共性技术研究，突破分布式模型训练、深度学习网络模型压缩、边缘智能计算、云边协同控制、图计算等关键技术，优化人工智能技术深度应用基础性支撑体系，强化人工智能前端化部署与协同，支持边缘智能计算建设，探索兼容同构、异构、众核等多种架构并行计算的编译技术。

四是区块链技术。突破能源区块链关键核心技术，构建自主可控的区块链技术体系，支撑区块链公共服务能力建设，推动区块链技术的原始创新和集成创新，引领能源区块链技术发展。研究区块链底层关键技术，突破区块链跨链交互、高效共识、智能合约等关键核心技术，提升区块链平台服务能力、跨链整合能力及可扩展性，支撑区块链基础设施建设。

五是电力北斗技术。研发电力北斗终端产品，提升基础支撑能力,探索基于北斗的通导遥融合应用技术,开展电力北斗终端产品研发,助力北斗产业生态发展。突破电力北斗应用关键技术,重点研究强电磁场、复杂气象等电网特殊环境下的北斗卫星信号技术,提升电力北斗服务能力和质量;研究北斗室内外一体化定位关键技术,提升电力北斗应用场景覆盖广度。

六是物联感知技术。围绕能源互联网全环节物联感知需求,重点研究各类型物联终端安全、标准化接入等关键技术及产品,满足全场景电力物联网需要。突破电力终端安全操作系统关键技术,针对电力物联终端在各场景下的安全需求,研究安全操作系统对终端硬件资源的适配,研发定制自主可控安全操作系统产品,推进可信计算主动免疫技术的应用,并结合物联感知设备轻量级接入身份认证及信息传输加解密保护技术,从底层构建安全可信的计算环境。

七是数字孪生技术。开展数字孪生技术应用研究与建设,突破电网环境孪生重建同步技术,实现与业务平台跨时空关联、映射协作,构建由局部到整体、由内部至外观的电网大时空孪生体,探索拟实化的全周期、全机理的分析、仿真、决策。研究基于数字孪生的电网应用技术,围绕电网规划、调度、运检和基建等场景,开展电网数字孪生精准辅助决策、应用数据模型等关键技术的研究与应用,实现物理电网与数字电网之间的数据驱动、闭环反馈和实时交互。

八是量子科技技术。聚焦能源互联网信息安全传输需求,发展适用电网应用场景,具有低成本、小型化、高可靠特点的量子密钥分发一体化装置,推进量子密钥分发星地组网技术研究,深化量子密码广泛落地应用,开展量子传感、量子计算技术跟踪与研究。研究具有低成本、小型化、高可靠特点的量子密钥分发一体化装置及星地组网关键技术，突破架空通信环境下超长传输距离量子稳定传输技术，研制量子密钥分发一体化装置。深化量子密码运营服务实用化技术研究，研究量子计算密码技术，构建面向能源互联网的传统密码与量子密码融合的密码服务体系。

第五章

CHAPTER 05
新产业：数字经济下能源大数据共享交易模式探讨

第一节　大数据共享交易的发展趋势

随着数据共享在改善传统产业转型、多行业深度融合、社会服务管理等方面经济和战略价值的提升，推动各行业数据整合、披露、共享已经成为全球趋势。为最大化数据共享的优势并减少隐私泄露等风险和危害，联合国贸易和发展会议发布的《2021年数字经济报告》呼吁采取全球数据治理方法促进跨境数据自由流动。2022年12月，中国提出《关于构建数据基础制度更好发挥数据要素作用的意见》，旨在通过全面建设基于数据的系统，有效弱化数据供给、流通、利用的制度性障碍。全球数据市场正在迅速增长，预计2024年将超过220亿美元。然而，随着数据市场的发展，数据确权、隐私保护、定价等问题日益突出。近年来，数据资产定价方法层出不穷，已成为数字经济与数据治理领域的研究热点。

虽然数据交易已在许多行业中进行了探索，但由于能源行业的垄断性质，能源市场中的数据开放和共享相对困难。能源行业数据共享面临四大挑战：①数据量巨大。传统能源调度自动化系统包含大量数据采样点，高采样频率使得数据总量达到了 PB 级别。②数据类型复杂。能源行业中设备种类繁多，生成的监测数据复杂多样。③数据价值密度低。能源系统中大量数据由于长期安全稳定运行状态而存在冗余。④高处理速度要求。能源行业数字化转型是一个不可避免的趋势，能源行业的数据具有明显时效性，决策需要高数据处理速度以确保能源系统的安全运行。数据共享可以提高能源生产、供应、储存、运输、销售的效率，使其更加节能和低碳。在数字经济和产业变革的浪潮中，能源公司越来越积极地探索数据共享。国家电网有限公司加强了新数字基础设施的建设，如电力系统物联网、能源大数据中心、能源互联网等。此外，还利用数字技术改造和升级传统电网业务，积极拓展能源电商、智能车联网、电力大数据信用调查等新兴产业。基于能源数据平台，美国的自动网络（AutoGrid）软件公司为电力供应商和消费者提供电力消费预测，通过制定灵活的需求管理方案以帮助电网运营优化和消费者节能。

然而，能源行业在实现数据开放、共享、有序利用等方面面临许多技术"瓶颈"。为形成数据流通基础，有必要以公平、公正的方式进行数据确权，并建立安全可靠的身份系统和责任划分体系、确定数据权益主体、明确多方数据权益关系。其中，能源行业中数据确权的问题较为复杂。一方面，数据的生产、采集、处理、使用涉及各种利益和多个参与主体，明确每个主体对数据的权利存在一定难度。另一方面，能源行业普遍采用分级组织结构，需要明确能源数据共享市场中供应商、消费者、第三方交易中心、政府等主体角色。确定数据产权归属后，各相关主体需开展数据价值评估和定价，确定其在市场中的价值，从而促进市场中数据的流动。然而，在能源行业确定数据采集和评估成本较为困难，数据因不同用户而有不同价值，因此能源系统中数据定价问题是一个具有挑战性的研究课题。数据定价后，保护每个主体的隐私和数据安全是维护能源系统数据市场生态的关键。能源行业肩负着生产安全的重任，如果数据交易导致的隐私泄露后果大于利益，将抑制能源数据市场参与者分享数据的热情。因此，迫切需要研究数据隐私保护的机制和技术。总之，基于公平的数据确权、定价、隐私保护方法和机制，可以建立可靠互信的能源系统数据市场，实现各能源实体的积极参与和共享。

第二节　能源大数据交易的核心要素

能源系统中数据共享框架主要围绕数据生命周期和使能技术展开。数据生命周期涉及数据获取、数据处理、数据整合、数据挖掘、知识发现和决策制定、市场和应用。在数据获取阶段，可从数据市场获取各种外部数据，如气象数据和交通数据。在市场和应用阶段，数据可以在能源系统中发挥其价值。

一、数据资产的商品属性

数据资产具有内部和外部商品属性。内部属性包括数据形式和数据内容，而外部属性包括成本驱动因素和价值属性。

从数据形式的角度，内部属性包括可访问性、一致性、可理解性、完整性。从数据内容的角度，内部属性包括准确性、正确性、客观性、有效性、可靠性、数量级。这些属性在某些场景中可能起到决定性的作用，例如，不正确的电力调度数据可能会导致整个电力系统发生故障。

对于数据资产的成本驱动因素，主要包括建设成本、运营和维护成本、管理成本三个方面。其中，建设成本通常来自数据获取、数据处理、数据挖掘等方面，运营和维护成本与数据存储和数据维护相关，管理成本包括人力成本和间接成本。

对于数据资产的价值属性，主要取决于应用场景。在不同场景中数据价值具有显著差异，这导致数据价值具有不确定性。例如，气象数据中风速和风向对于预测风力发电非常重要，但对于预测电负荷重要度较低。此外，当数据量较小时，数据价值与数据量呈正相关。然而，当数据量达到一定阈值时，数据价值将保持不变。并非数据量越多，数据价值就越大。

二、数据估值的维度

数据作为一种新兴资产，评估其价值是一项重要任务。数据价值评估通常包括质量、应用、风险三个维度。

数据质量是指数据是否符合数据使用者的目的或特定业务场景的需求。数据质量通常包含完整性、真实性、准确性、安全性四个维度。数据完整性指数据是否存在缺失值，用于描述记录对象的所有相关指标的完整程度。例如，如果图像数据中的部分组件缺失，那么图像可能变得无效。数据完整性越高表示提供信息越多，对应数据价值越大。数据真实性是指数据是否与客观事实一致，是否存在欺诈成分。数据准确性是指数据是否与其对应的客观实体特征一致。在真实数据记录过程中发生错误会直接影响结果，因此数据准确性越高代表后续数据清洗越方便，对应数据价值也越大。数据安全性是指数据不被盗窃或破坏的能力。数据安全性越高代表数据提供的价值越稳定，进而企业的数据保护成本越低。

数据价值在于与应用场景的结合，不同应用场景中数据所贡献的经济价值具有差异。影响数据应用价值的因素包括稀缺性、时效性、多维度性、场景经济性。数据稀缺性是指数据所有者的独家程度，可反映数据的竞争力。数据时效性决定了决策是否在特定时间内有效。数据多维度性是指数据覆盖的多样性，数据维度越多表示应用范围越广，对应数据价值就越大。数据场景经济性表示数据在特定应用场景下贡献经济价值的能力，其中数据价值依赖于与业务的相关程度，因此数据价值与应用场景密不可分。

数据资产的风险主要包括法律限制和道德约束。法律限制是指法律和政府部门对数据使用及交易的控制。不完善的数据管理和交易的法律，可能会影响数据价值评估。道德约束是指相关企业和公众对数据管理及交易的要求。数据不当处理可能会损害企业形象，并阻碍数据交易的发展。

三、数据共享

能源系统中收集的数据种类繁多、复杂且庞大，包括来自能源生产的技术数据、描述能源传输过程的管理数据等。同时，这些数据有多种类型，如文本数据、图像数据和表格数据等。此外，能源系统中数据可以从数据开放性、供应链和数据所有者等角度进行分类。对于数据开放性角度，能源系统中的数据可以分为公共数据、开放数据和私有数据。对于数据供应链角度，能源系统中的数据包括生产数据、传输数据、储存数据和消费数据等。对于数据所有者角度，能源系统中的数据可以归属于能源生产者、能源传输公司、市场运营商、能源供应商和能源消费者等。丰富多样的能源系统数据蕴含着大量信息和价值，可以带来巨大的利益，但在数据生命周期中仍然存在一些具有挑战性的"瓶颈"，如数据确权和数据定价等问题需要解决。

数据共享离不开一个去中心化的市场环境，发展公平、安全、高效的数据市场至关重要。在数据市场中，有几种常用的数据交易手段，如基于博弈论的交易和基于拍卖的交易。具体来说，基于博弈论的数据交易包括非合作博弈和斯塔克伯格博弈。在非合作博弈中，参与者不会结盟，为达到自身利益最大化，每个参与者的价格策略仅在其他参与者的价格策略被公布之前才会被确定。与非合作博弈相比，斯塔克伯格博弈在传统市场中更加实际且应用广泛，其中包含两种类型的参与者，即领导者和其他参与者。领导者通常率先公布价格策略，然后其他参与者根据领导者的决定选择合适的策略。

此外，拍卖是一种流行的数据交易机制，旨在通过买方和卖方的竞价过程来分配商品并确定相应价格，并且拍卖在保证数据市场的效率和公平性等数据交易问题方面表现出巨大潜力。数据市场中数据拍卖过程由市场竞价、定价和结算环节组成。在市场竞价阶段，数据买家（竞标者）向拍卖平台提交竞标以寻求拍卖数据，而数据卖家则向拍卖平台提交要求。竞标和要求的步骤可能会持续数轮，直到符合拍卖规则。通过价格调整，在市场结算阶段，数据卖家的供给将与数据用户的需求相匹配。同时，拍卖主根据优化目标（如社会福利最大化）确定清算价格。换言之，清算价格是买方和卖方达成交易的价格。一旦价格确定，竞标者中的获胜者支付交易费用并获得目标数据。然而，数据定价相当困难，因为对买方来说，数据价值是不确定的，且数据的边际成本为零。

第三节　能源大数据市场的交易策略

合理的竞标策略和数据价值评估模型将有效促进数据资源的流通、分配、价值释放。然而，大数据的独特价值特征（即高固定成本主要体现在一次性投资、近乎零边际成本等方面）导致传统商品定价机制的失效。为解决这一问题，现有研究从需求端和供应端分别衡量数据价值并开发了定价策略。

一、以供应为导向的数据交易策略

供应导向的定价策略主要由卖方驱动，强调供应商利润，可细分为成本导向策略和利润导向策略。

成本导向定价策略基于成本会计，优先考虑成本补偿，包括数据服务或产品中的固定费率、基于容量的免费模式策略。其中，固定费率策略包括一次性费率定价策略和多部分费率策略，基于容量的免费模式策略包括基于使用量的定价策略和套餐定价策略。

一次性费率定价策略通过收取固定费用为用户提供一定时期内对服务的无限访问权限。这种策略广泛应用于电力行业、移动通信、其他能源领域。许多电力公用事业公司使用一次性费率定价向客户收取电力消耗费用。客户通常按每千瓦时的固定费率支付电费，合同期内不受市场价格波动的影响。一次性费率是最简单的定价策略，供应商可以轻松预测利润，并且交易成本低廉。这种策略在能源行业广泛应用于相对稳定和可预测成本的数据产品与服务，但对消费者缺乏灵活性。

多部分费率定价策略包括一次性费率和额外费用。用户需要预付相对较低的一次性费用以获取访问权限，但对于高级服务或产品则需要支付额外费用。这种策略通常在电信、软件、订阅服务等行业中使用。在多部分费率策略中，卖家可以通过较低的一次性费率吸引大量用户，并从高级产品或服务中获利。然而，多部分费率策略使得用户难以了解产品或服务的真实成本，可能导致对套餐选择的困惑，并降低消费者满意度。

基于使用量的定价策略是对数据产品的实际或预期使用量进行计量与定价，更适合使用量较低的消费者。这种策略可以通过线性定价结构或分层定价结构来实施。例如，亚马逊网络服务根据实际传输量收取云计算费用。一些通信公司，如美国电话电报公司，则按通话时间或数据使用量收费。然而，能源行业长期稳定运行，并生成大量冗余和重复数据。按数据量收费通常不被买家接受，导致交易较难达成。

套餐定价策略是在基于使用量的定价策略基础上改进而来。该策略研究了在基于使用量的定价策略下数据产品或服务的销售和利用情况。根据研究结果，一系列产品和服务被合理打包，并以特定价格销售。为实现利润最大化，通常会将消费者行为分析、流量监控和控制与这种策略联系在一起。由于与单独购买各项内容相比，消费者可能更愿意在一次交易中购买一个套餐，因此这种策略简化了交易流程并增加了供应商收入。然而，套餐定价策略也限制了消费者的选择，并且不会吸引那些只想购买单个产品或服务的消费者。

以利润为导向的定价策略根据消费者的偏好差异化定价，以最大化从消费者那里提取的剩余价值，包括版本定价策略、订阅式定价策略、查询式定价策略、差别定价策略，以及上面提到的套餐定价策略。

版本定价策略是供应商针对不同消费群体实施的一种价格差别化策略，数据产品的版本化通常基于数据特性或消费者需求。在能源行业，一些广泛使用的仿真平台如矩阵实验室（Matlab）和康模数尔软件（Comsol），将其产品划分为低价基础版本和高价专业版本，甚至部分低版本产品免费提供。采用版本定价策略，多版本存在能够满足不同消费者需求，并能增加供应商收入。然而，多版本定价可能使消费者在选择上造成混淆，较低版本可能侵占较高版本的市场份额。

订阅式定价策略通过收取订阅费用，在订阅期内提供一定范围内的数据产品和服务。随着订阅服务模式的快速发展，一种基于订阅定价策略的云计算服务和订阅式定价策略在数据市场中得到广泛应用。该策略可满足消费者的差异化需求，有助于增加供应商的利润。例如，与一次性定价相比，订阅式定价策略将提高供应商的利润和社会福利。然而，供应商需要确保合理的订阅价格和产品多样性，以吸引新的订阅者并确保现有订阅者不会取消订阅。

查询式定价策略是版本定价策略的延伸。供应商在多视图上设定可见价格，并允许消费者提出和购买任何查询。在此策略下，数据定价问题被转化为整数线性规划问题，服务平台基于数据库、价格点查询解决整数线性规划问题，获取价格并返回给消费者。查询式定价策略实现了无套利和折扣的自动定价。然而，该策略需要高水平的查询效率，并需要注意查询记录存储成本和数据库更新成本。

差别式定价策略是供应商利用先进的信息技术和信息不对称来针对消费者进行差异化定价的手段。这是基于行为的定价差异，其中企业收集消费者的历史购买信息以提高对不同目标群体的定价能力。然而，该定价策略可能会导致消费者对供应商的信任减少，如亚马逊的价格歧视实验仅在一个月后就被消费者揭露。差别式定价策略确保消费者支付他们能够承受的最高价格。然而，基于行为的定价差异将损害消费者对企业的信任，并最终影响企业的利润。

总体而言，供应导向定价策略是由卖方主导，有利于增强卖方的利益；成本驱动定价策略的重点是为了弥补卖方的成本；而利润驱动定价策略旨在增加卖方的收入并从消费者剩余价值中提取价值。在实践中，这些定价策略通常可以结合使用，以最大化卖方的利润。

二、以需求为导向的数据交易策略

需求导向策略是基于对数据价值的估算，更加强调消费者利益。该策略的定价基础包括产品的预期收入和消费者的需求强度。其中，需求强度与数据质量有关，而预期收入与数据为用户带来的收益有关。基于定价基础，该策略可以分为效用驱动定价策略和价值驱动定价策略。

对于效用驱动定价策略，在经济学中，效用用于描述产品或服务满足消费者愿望的能力。对于能源系统来说，使用机器学习等方法来分析数据并揭示隐藏信息。数据质量将影响学习模型的预测准确性，这对用户决策非常重要，而效用反映了数据帮助提高学习模型预测准确性和用户利润的能力，效用驱动定价策略考虑了数据的效用和属性。效用驱动定价模型强调消费者利益，这是由数据的内在价值和客户的感知价值所建立的，最常见的效用驱动定价策略是基于信息熵的定价。信息熵为电力系统中的信息提供了一种预评估方法。然而，基于信息熵的定价机制缺乏灵活性，容易出现套利，而复杂的套利行为增加了能源系统信息熵定价机制设计的难度。

价值驱动定价策略以数据对用户的价值为基础进行数据价值评估，该策略适用于预期收益确定且可量化的情况。最具代表性的策略是收入法，收入法通过估算产品未来的预期回报来确定资产价值。在收入法中，数据价值由数据的预期回报、使用寿命、折现率等决定。然而，这种方法较为主观，对于能源行业而言，确定数据的预期利益和折现率具有挑战性。除收入法外，还有许多其他方法可以准确衡量数据价值。例如，电力系统历史数据将提高学习模型的预测准确性并减少备用成本，而缺乏历史数据将降低预测准确性并增加备用成本。

第四节　核心技术与商业模式

隐私保护是数据共享的保证，只有在共享数据不会导致隐私泄露时，数据所有者才愿意共享数据。为了有效保护数据安全和隐私，众多数据加密和隐私保护技术快速发展，并被广泛用于能源数据。此外，能源系统中关于数据共享的商业模式也得到了一定探索。

一、数据加密技术

与一般数据相比，能源数据具有大容量、多样化、高潜在价值的特点，并且通常包含敏感用户信息。在使用能源系统数据时，需利用隐私保护技术实现安全高效的数据共享。匿名化和差分隐私方法通过添加噪声来保护数据隐私，同时保留数据的价值。不同的加密方法通过有效的密码算法将数据转换为密文，实现了隐私保护的数据共享。其他方法如秘密共享和区块链被用于提供容错性，并提供可靠的共享环境。

数据匿名化可用于模糊数据与敏感信息（如身份、地址、电子邮件等）的关联以避免身份泄露。基本方法包括概化、抑制、扭曲、交换、掩码等。差分隐私通过将基于标准分布的合成噪声添加至数据集中，在统计角度上保证了隐私，同时仍然可以对噪声数据集进行可靠的推断。

现代密码学的发展为数据加密提供了新的机会，标准技术包括基于身份的加密、同态加密、可搜索加密、基于属性的加密、代理再加密、安全数据共享。不同方法可用于不同的数据传输阶段。由于电力系统数据量巨大，存储通常在云端或本地/云端存储的组合中进行。为保护隐私需在上传前对数据进行加密，而可搜索加密等特定方法则使用户能够在加密数据集上进行搜索。在数据使用阶段，只有授权方能够访问数据集，并且采用了基于身份或基于属性的加密等方法。代理再加密也可用于实现两方之间的安全数据共享。此外，还包括基于身份的加密、基于属性的加密、可搜索加密、代理加密、区块链等可实现安全的数据共享技术。

二、隐私保护技术

分析大量数据以改善能源管理、决策制定、消费者肖像等方面对于实现数据价值至关重要。能源数据资源间存在强相关性，但这些数据被能源系统中的各个实体拥有。例如，制冷、供暖、电力和天然气数据在分析多能源系统方面至关重要，但数据由不同部门掌管。即使在同一个部门中，数据也可能属于不同的参与者，如各个电力零售商单独收集所服务客户的消费数据。能源数据分析的特殊挑战在于数据可用但不可见，即在充分利用数据价值的基础上，同时保护多个能源实体的隐私。数据分析方面存在四种主流的隐私保护技术，即联邦学习、差分隐私、同态加密、安全多方计算。

以联邦学习为例，联邦学习是一种分布式机器学习框架，允许多个参与者通过只交换中间参数并保持数据资源本地化来共同训练竞争模型。联邦学习为负荷预测、系统控制、需求侧管理等方面的加密数据分析开辟了新道路。除上述方法外，安全多方计算方法在能源系统中实现隐私保护协作，用于联合调度、最优控制、市场运营等方面。安全多方计算方法允许多个参与者计算一个协定的函数，无须第三方并保证每个参与方只接收自己计算的结果，无法从计算的交互数据中推断出任何其他参与方的输入和输出数据。

总之，隐私保护方法保证了数字化能源系统的安全，并且受到全球各行业和学术界的广泛关注。能源系统中数据加密研究仍处于初步阶段，有很多机会将隐私保护技术与领域知识结合起来，开发更高效、更有效的算法，以改善能源系统中的数据分析。

三、面向能源生产的商业模式——以可再生能源预测方法为例

对于可再生能源预测，跨可再生能源站点的数据关联能够有效提升可再生能源状态监测模型的预测准确性。联邦学习系统具有输入隐私、计算正确性、分散化特性。隐私体现在参与者之间的独立输入数据和信息流的保密性；正确性体现在准确完成规定计算任务的能力；分散化体现在所有参与者的平等地位，没有特殊权威或第三方。当启动联邦学习任务时，中心节点设置相关的

传输网络和信令控制。每个参与者节点通过中心节点进行路由寻址，选择其他具有相关类型数据的数据所有者进行合作，在安全的多方协议调度下使用本地数据完成联合计算，并获得最终正确的反馈结果。本地数据不需要泄露给任何其他参与者。

联邦学习技术在能源系统中的应用已经得到深入研究，包括可再生能源预测、负荷特性和能源管理等。部分联邦学习公司致力于建设和运营一个联邦式电厂，通过聚合和利用消费者需求的灵活性及可再生能源与电池储能，实现本地化交易和平衡，为未来基于联邦学习的智能能源系统打下基础。

但联邦学习在可再生能源预测中的应用仍然存在以下问题：①联邦学习首要关注的是安全性，即保护隐私和数据的能力，然后是交互效率，为在安全性和效率之间实现合理的平衡，需要深度整合和协调联邦学习和其他安全技术，为处理海量数据，除整合各种安全技术手段外，通过硬件加速和硬件与软件的协同优化来提高效率也是必然的发展趋势。②当实施任务时，数据所有者可能不信任联邦学习平台，或者软件可能无法通过安全审计，在这种应用场景下，每个参与者需要运行自己的联邦学习平台，并且需要参与者之间进行平台对接，数据所有者使用自己的平台可以更好地保护数据安全。

四、面向能源消费的商业模式——以智能电表数据为例

智能电表是智能电网中最重要的组件之一，其不仅发挥了测量和显示的基本作用，还实现了电力用户和电力企业之间的双向通信。通过智能电表的数据共享，可以促进电力系统的数字化和

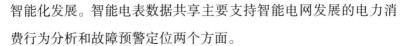

智能化发展。智能电表数据共享主要支持智能电网发展的电力消费行为分析和故障预警定位两个方面。

（1）对于电力消费行为分析，智能电表支持用户电力消费数据的自动收集和统一存储，为需求侧管理的实现提供了数据支持和技术支持。通过智能电表数据共享，可以定期获取用户的电力消费信息，并将这些数据详细记录并进行可视化展示。通过对智能电表数据进行分析，可以获取用户电力消费行为特征，并了解用户的电力消费偏好，方便电力企业为不同用户提供定制化服务。利用聚类算法根据用户的行为特征对用户进行分类，并为不同类型的用户建立电力消费模型，为供电企业制定调度策略提供参考，并为引导用户行为提供新的解决方案。用户负荷曲线可直观显示用户负荷参与智能电网调节的潜力，并估计负荷削峰填谷的潜力，从而促进用户参与需求侧管理。基于智能电表的电力消费行为分析已经应用于商业模型中。

（2）对于故障预警定位，智能电表和集中系统的普及为电力企业提供了一种新的故障预警与定位方式。通常，智能电表具有独立电源的特殊传感器模块，当电力系统发生故障时，发生故障的智能电表将向电力企业报告信息。电力企业可以立即调度人员处理故障，从而缩短故障定位和排除故障的时间。另外，电力企业还可以通过获取智能电表数据实现故障预警和定位。电力企业通过分析智能电表大数据，提取用户正常负荷曲线的特征。当监测到的智能电表数据发生显著变化时，将进行故障预警，可以在故障造成严重后果之前进行维护，减少故障对电力系统的影响。基于智能电表数据的故障预警定位已应用于商业模式。

五、面向能源存储系统的商业模式——以电动汽车为例

随着物理信息整合的深化，电动汽车的调度与运营管理正转向大数据和多耦合模式。传统的集中式交易模式已不再适用于大规模数据的收集和计算。数据共享技术可以促进电动汽车的去中心化交易，并构建一个开放透明的交易平台，从而促进电动汽车的有序充电。电动汽车中数据共享的技术应用和商业模型主要体现在充电站管理与运营和电动汽车智能调度两个方面。

（1）对于充电站管理与运营，基于数据共享建立充电站平台可以帮助用户实时获取充电站的信息。电动汽车用户可以智能选择充电站，从而减少因盲目选择充电站而导致的长时间等待充电的情况。对于加入数据共享平台的私人充电站，在共享充电站数据后，可以为电动汽车提供有效的充电引导，帮助提高私人充电站的利用率。此外，数据共享技术可以实现对充电站运行状态和使用情况的实时监控。当数据异常时，充电站可以及时发出警报以便运维人员处理。通过收集和处理充电站的相关数据信息，构建了充电设施运行状态的监控与预警系统，为设备维护人员提供了重要依据，并通过预先维护保证设备的运行。

（2）对于电动汽车智能调度，基于数据共享的电动汽车调度使得每个独立的充电站能够作为调度管理权限对调度数据做出智能决策，有利于分布式计算，并减轻了集中式调度下控制中心的计算负担。通过数据共享平台上的一系列智能合约，电动汽车、充电站和调度中心能够将电动汽车变成稳定可控的负荷。数据共享技术可以将调度计划和电动汽车的实时数据传播到每个充电

站，极大地降低了调度数据的获取和传输成本。基于数据共享技术，建立了电动汽车充电信用管理的智能合约，自动执行电动汽车充电违约的处罚措施，从而确保了电动汽车的有序充电。

电动汽车中数据共享技术的应用仍存在以下问题：①由于大量节点之间的数据传输和相互验证，数据共享的响应速度不够快；②电动汽车各种应用场景中的数据共享主体较为复杂，各应用方向的信息标准难以统一；③电动汽车数据共享的监管制度仍有待完善。

六、面向其他新兴实体的商业模式

综合能源系统面临诸多问题。例如，缺乏透明的交易信息、缺乏安全的交易方法、缺乏高效的交易效率。数据共享技术的发展前景广阔，其与综合能源系统的结合有望突破发展"瓶颈"。数据共享技术与综合能源系统相辅相成，根据共享技术在综合能源系统中的应用可归纳总结为市场交易、运营管理、系统安全三个方面。

（1）对于市场交易，综合能源市场呈现去中心化的特点。中心化机构对去中心化市场的管理会产生高昂的运营成本，导致非必要资源消耗，使得实时交易的需求难以满足。数据共享技术具有去中心化、开放性、透明度、不可篡改性、可追溯性等特点，能够很好地满足综合能源市场交易的需求。

（2）对于运营管理和系统安全，数据信息与物理系统的整合能有效提高综合能源系统的运行效率，但当前的信息系统一直受到高昂的建设和维护成本困扰，并且容易受到外部攻击。基于非对称加密算法和冗余数据存储技术的数据共享技术能够有效避免综合能源系统信息泄露，并确保用户信息安全。

（3）数据共享技术在综合能源系统中的应用仍然存在以下问题：①去中心化的数据共享技术需要强大的计算能力并消耗大量电力，与能源数据共享应用的高效经济要求相矛盾。②数据共享技术可以采用加密算法来保证交易信息的数据隐私达到一定程度并实现匿名交易；然而，作为一种互联网技术，数据交易的隐私仍然存在漏洞。

第六章

CHAPTER 06

新支撑：数字经济下电力算力基础设施融合

第一节　电力算力的必然融合

能源和算力基础设施，正在成为新一代衡量国家和地区经济发展实力与潜力的核心标准。电力供给和算力供给，正在成为人民美好生活需要和不平衡不充分的发展之间的核心症结。随着数字时代下数字中国和数字社会进入加速建设期，电力算力已经跨过了各自发展的初级阶段，更多地向着融合互促的方向演进。电力算力融合将阶段性呈现出多种未来形态，并演进形成"电算一体化"的电力算力。

电力算力的融合具有历史必然性。电力系统逐渐巨大化，离不开算力算法的全局优化；算力基础设施逐渐高耗能化，离不开电力电源的基础支撑；社会对电力算力的需求扩大化、复杂化，离不开电力算力的统筹平衡。可以说，电力算力的融合，是大势所趋下历史的必然进程。

一、历史发展的大势所趋

从能源系统的演进来看，人类的发展是一个能源密度、能源消费速度和消耗总量呈指数级上升的过程。从刀耕火种的体力，到牛拉马拽的畜力，到蒸汽时代的机械力，再到万家灯火的电力，人均能源消费量、消费速度呈指数级上升。对高密度能源需求的不断提升，是电气化率逐渐提升、能源消费中电力消费比例逐渐扩大的原生动力。

从算力设施的发展来看，人类的发展是一个算力设施逐渐强化、专业化，算力需求爆炸化、高频化，算力对象扩大化、精细化的演进过程。从结绳记事的口算、筹算，到笔墨纸砚的笔算，到各类算盘的珠算，再到计算机的电算，最后到服务器的云计算，可以说对高性能、大批量、高速率、低功耗的算力需求，是人类文明发展的客观需求。

从能源电力与数字算力的耦合来看，算力对电力的需求是社会诸多能量消费激增的突出表现，电力对算力的需求是社会生产力发展提升的必然方向。口算、笔算、珠算时代消耗生物质能，机械计算机消耗内能、机械能，电脑、云计算消耗电能，社会对计算速率、功率、效率的需求越来越大。无论是微型计算机的主板电池，还是超算中心的不间断电源（UPS），都是算力逐渐向电力延伸囊括的具体表现。

社会生产力形态的演进符合进化间断平衡理论，追求更高级别的电力、算力需求，需要有突破性的逻辑方式。数字时代，社会活动将由云计算、大数据、人工智能、物联网等颠覆式数字技术及其能源底层应用融合变革交织集合。在变革阶段，各类新型的社会生产力形态将同时出现"大繁荣"和"大灭绝"，电力算力的融合，不再仅满足于增加发电机和计算机，也将出现具有全新逻辑的融合形态。

二、低碳转型的初心使命

低成本地使用能源和算力是社会发展的永恒追求，这种成本不仅局限于表面的生产成本和运维成本，还涵盖全生命周期的系统安全成本、综合社会成本和环境治理成本。

因此，作为能源系统核心的电力基础设施，有必要通过新型能源体系和新型电力系统的建设，促进全社会低碳转型。实现碳达峰、碳中和，是党中央统筹国内国际两个大局作出的重大战略决策，是主动担当大国责任、推动构建人类命运共同体的迫切需要。新型电力系统的建设，是推动全社会减碳降碳的重要基础，是积极推动落实国家"双碳"目标，贯彻新发展理念的主动作为。新型电力系统具有"清洁低碳、安全充裕、经济高效、供需协同、灵活智能"等特征，需要算力基础设施的全面支撑，特别是在经济性、高效性、新能源协同性、供需匹配和灵活性方面，需要广泛使用云边端协同的电力基础设施。

作为电力消费大户的算力基础设施，有必要通过全国一体化大数据中心体系和绿色数据中心的配套建设，促进未来全国算力的公共供给。一方面，算力基础设施具有高耗能属性，虽然现阶段数据中心的用电量占全社会用电量的2%~3%，但随着社会数字需求的扩大，预计2030年将上升至5%，相当于两个三峡电站，因此亟须低碳低能耗的绿色数据中心。另一方面，目前国内数据中心 PUE（能耗效率）大约为 1.5～2.0，美国数据中心 PUE 大概 1.0～1.5。[①] 国内数据中心能耗效率与国际先进水平比有较大差距。数据中心耗能较高，电力成本占运营总成本的 60%～70%，高散热能效比的数据中心将是未来算力基础设施低碳发展的必然方向。

此外，算力基础设施和能源基础设施的低碳化将具有牵引促发作用，"杰文斯悖论"下全社会转型需要尤其注重电力算力的低碳化。算力和电力作为社会发展的核心基石，其成本的变化和属性特征的调整将对社会带来长链条的影响。在"杰文斯悖论"下，技术进步带来效率提升的同时，将带来更大的社会需求量，因此需要尤其注重算力和电力的低碳化，认为电力和算力的社会影响程度和长链条牵引力更加突出。

三、数字时代的必然进程

当前，数字化与能源行业的相关政策正在积极推动电力和算力的耦合发展。表 6－1 总结了近两年关于电力算力融合推进的相关政策描述，电力算力融合已经成为能源电力行业数字化转型和数字算力行业节能降碳的重要抓手。

表 6－1　　　　近两年关于电力算力融合推进的相关政策描述

时间	发布单位	文件名	主要内容
2022 年 1 月	中共中央、国务院	《"十四五"数字经济发展规划》	加快构建算力、算法、数据、应用资源协同的全国一体化大数据中心体系。加快推进数据中心节能改造，持续提升数据中心可再生能源利用水平

①　全国数据中心能耗达两个三峡电站 南方科技大学刘科：靠锂电池储能解决存在挑战 [EB/OL]．（2022－05－30）［2024－04－08］．经济观察网．

续表

时间	发布单位	文件名	主要内容
2022 年 2 月	国家发展改革委等多部门	《促进工业经济平稳增长的若干政策》	加快实施大数据中心建设专项行动，实施"东数西算"工程
2023 年 2 月	中共中央、国务院	《数字中国建设整体布局规划》	建设数字中国是数字时代推进中国式现代化的重要引擎，是构筑国家竞争新优势的有力支撑。加快数字中国建设，对全面建设社会主义现代化国家、全面推进中华民族伟大复兴具有重要意义和深远影响
2023 年 3 月	国家能源局	《关于加快推进能源数字化智能化发展的若干意见》	充分结合全国一体化大数据中心体系建设，推动算力资源规模化集约化布局、协同联动，提高算力使用效率
2023 年 4 月	国家能源局	《2023 年能源工作指导意见》	加快能源产业数字化智能化升级。推进能源产业和数字产业深度融合
2023 年 10 月	工业和信息化部等六部门	《算力基础设施高质量发展行动计划》	加快建设能源算力应用中心，支撑能源智能生产调度体系，实现源网荷互动、多能协同互补及用能需求智能调控

　　政策层面上，2023 年 2 月，中共中央、国务院印发的《数字中国建设整体布局规划》明确指出，需要整体提升应用基础设施水平。建设政务、金融、交通、能源、电力等重点行业应用基础设施。对于电力而言，需要建设源网荷储协同的新型电力系统；积极应用工业互联网、大数据和云计算等数字技术，建立数字化绿色化供应链管理体系；建设社区智慧电力微网；鼓励大型企业和金融机构采取积分等多种方式，激励群众践行绿色低碳生活方式。对于算力而言，需要完善国家数字基础设施发展布局，统筹推进网络基础设施、算力基础设施、应用基础设施建设，推进国

家数字基础设施一体化高质量发展，促进互联互通、共建共享和集约利用。引导通用数据中心、超算中心、智能计算中心、边缘数据中心等合理梯次布局。加强绿色数据中心建设，促进数据中心与绿色能源布局联动发展。

技术层面上，摩尔定律认为集成电路上可以容纳的晶体管数目在大约每经过 18 个月到 24 个月便会增加一倍。换言之，处理器的性能大约每两年翻一倍，同时价格下降为之前的一半。但是，根据兰道尔原理的证实，从物理学的角度证明擦除一个字节数据所需要的能量存在最小极限，未来算力的效率提升将无法对冲电力的需求上升，必然需要电力和算力的统筹研究。

此外，中国信息通信研究院提出的"三次能源"概念，直观说明了算力在未来社会的重要性及未来算力和电力的核心关系。中国信息通信研究院云计算与大数据研究所所长何宝宏认为，电力网络是一个国家工业化的基础，算力网络是一个国家数字化的基础；电力决定着一个国家的工业化水平，算力决定着一个国家的数字化水平。随着人类社会迈入数字经济时代，算力将逐步成为经济社会发展的动力保障，呈现出"三次能源"的特征，而电力作为"二次能源"，一方面是"三次能源"的基石底座，另一方面也是尚未得到突破发展的坚强过渡。但相比"二次能源"的电力行业的成熟度，算力行业落后大约 100 年，还处于大规模产业化和基础设施"大建设"刚刚起步的阶段。

也就是说"三次能源"的"发电机"，即各类超算中心尚未建设得足够完善。当前社会需求引擎推动"二次能源"向"三次能源"跃迁，认为在数字社会的建设过程中，算力和电力将呈现出阶段性的融合形态。

第二节　电力算力的融合形态

电力算力融合未来将呈现出三种形态：智慧电力、稳定算力与新型电力算力。智慧电力形态是数据和数字技术赋能能源电力的发展，稳定算力形态是绿色坚强电力基础设施保障全社会算力需求的发展。数字时代的电力和算力融合发展，不再是"面多了加水，水多了加面"的传统模式，在"算力有需求就增加发电厂，电力有需求就增加服务器"的同时，必将存在颠覆想象力的新型融合形态。类似于"充电功率最快莫过于手机换电池，传输速度最快莫过于高速拉硬盘"，电力算力的融合必然出现不同于传统的高级形态。新型的电力算力形态是电力算力在逻辑层、数据层、技术层和基础设施层互相嵌入融入的颠覆式形态。

一、一体化服务的智慧电力基础设施

智慧电力形态是数据和数字技术赋能电力系统发展与社会电力服务，核心范畴包括智慧电厂、智慧电网和智能电力终端，更宽泛地讲可以包括前置资源侧的智慧矿山、装备侧的绿色数智电工装备供应链等。虽然智慧电厂、智慧电网、智能电力终端（如智能电表、智能分布式光伏控制器等），以及智慧供应链、智慧矿山都是在各个行业主体的推动下相对独立建设与形成，但对于电力系统而言，由于调度系统、生产控制系统、装备监造平台等数字系统的链接，上述智慧单元的建设共同构成了一体化的智慧

电力。

智慧电厂在我国已有较多实践，以澜沧江流域大型水电工程为依托试点绿色智能建造关键技术研究及应用，实现工程建设的全生命周期信息化、数字化、智能化管理。在华能伊敏煤电有限责任公司探索智能化技术促进节能减排和提高安全生产水平的应用模式与管理方法，实现露天矿自卸卡车无人驾驶。

智能电网是指一个完全自动化的供电网络，其中的每一个用户和节点都得到了实时监控，并保证了从发电厂到用户端电器之间的每一点上的电流和信息的双向流动。由于中国电力基础设施建设处于上升期，且地域辽阔、能源资源等分布不均，需要实现较大范围内的电网资产优化配置，因此中国智能电网建设必须与我国电网实际情况相结合，国家电网有限公司给出的坚强智能电网的概念更适合于国内的电网发展状况：以特高压电网为骨干网架、各级电网协调发展的坚强电网为基础，以信息平台为支撑，具有信息化、自动化、互动化特征，包含发电、输电、变电、配电、用电和调度环节，覆盖所有电压等级，实现"电力流、信息流、业务流"的高度一体化融合的现代电网。

智能电力终端又分为发电侧的分布式光伏、风电发电控制终端和消费侧智能用电终端，也涵盖智能电表、能源路由器、智能断路器等，并由于产消者的形成呈现出融合趋势。智能终端可以看作多个智能组件的集合，与电力系统一次设备和二次设备连接以实现对设备的可观、可测、可调、可控。

二、绿色低碳的稳定柔性算力基础设施

算力是集信息计算力、网络运载力、数据存储力于一体的

新型生产力，主要通过算力中心等算力基础设施向社会提供服务。算力基础设施呈现多元泛在、智能敏捷、安全可靠、绿色低碳等特征，对于助推产业转型升级、赋能科技创新进步、满足人民美好生活需要和实现社会高效能治理具有重要意义。相比于较为成熟的新型电力系统智慧电力建设，算力产业发展虽然进程上相比有所滞后，但发展态势及方向已凸显。

2022 年初，国家发展和改革委员会、中央网络安全和信息化委员会办公室（以下简称中央网信办）、中华人民共和国工业和信息化部、国家能源局近日联合印发文件，同意在京津冀、长三角、粤港澳大湾区、成渝、内蒙古、贵州、甘肃、宁夏启动建设国家算力枢纽节点，"东数西算"工程正式全面启动。按照全国一体化大数据中心体系布局，8 个国家算力枢纽节点将作为我国算力网络的骨干连接点，发展数据中心集群，开展数据中心与网络、云计算、大数据之间的协同建设，并作为国家"东数西算"工程的战略支点，推动算力资源有序向西转移，促进解决东西部算力供需失衡问题。

绿色低碳与节能减排是当前算力产业发展的重点方向，2023 年 10 月，中华人民共和国工业和信息化部、中央网信办、中华人民共和国教育部、中华人民共和国国家卫生健康委员会、中国人民银行、国务院国有资产监督管理委员会（以下简称国务院国资委）6 部门联合印发《算力基础设施高质量发展行动计划》，以多元供给、需求牵引、创新驱动、绿色低碳为基本原则，从计算力、运载力、存储力和应用赋能等方面提出了发展目标。认为未来我国算力行业的发展，将以市场需求为牵引，实现多元化供给布局，在保障算网存用协调发展的同时保证安全和绿色低碳。

三、模态革新下的新型电力算力形态

模态革新下的新型电力算力，是超越一体化服务、智能化升级和绿色低碳化转型的电力算力的新形态：这种新形态表现为一以贯之的演进型电力算力形态发生的突变型跃迁，在市场模式、产品模式、运作模式、终端融合等方面形成了新能源电力与算力交织网络形态。

（1）在市场模式方面，电力和算力逐步突破价格和计划性约束，实现市场定价、期货调节的新模式，这在电力市场的变化中尤为突出。此外，在能源电力泛在市场的边缘，将会形成新型的期货型、期权性质的衍生产品。衍生品通常是两方之间的合同、投资者承诺，如果与标的资产相关的预定条件最终发生，则向购买者或合同所有者做出财务承诺。作为对这一承诺及其所带来的财务风险的回报，履约方会收到一笔预付款。例如，在欧洲和美国正在形成并不断优化的天气衍生品，组织或个人可以将其用作风险管理策略的一部分，以降低与不利或意外天气条件相关的风险，天气衍生品是投资者对冲未来天气状况的衍生证券，该类衍生品多作用于新能源发电侧和二级市场。

（2）在产品模式方面，最大的突出变革即是从有形的电力、算力物理服务向数字化服务、期权服务、金融对冲服务发生改变。除上述介绍的天气衍生品外，用能权、用水权、碳排放权等产品正在成为电力算力模态革新下的新型产品。除众所周知的碳排放权交易外，用能权的发展更值得关注。自 2016 年国家发展改革委发布《用能权有偿使用和交易制度试点方案》以来，现已有浙江、福建、河南、四川、湖北、江苏等多个省份建成了用能权交易市场并产生实质交易。以各类用能权产品调动还未被纳入电力系统调控的社会资源缓解尖峰矛盾，在现有的电力市场交易及调峰辅助市场制度之外，在用能权市场建立大势所趋的背景下，是用能市场化手段，在现行法规下，破解尖峰用能矛盾的有益探索。

（3）在运作模式方面，有源配电网、负荷聚合商、虚拟电厂、社会化售电公司、储能公司、产销型新能源厂商等有别于传统源网荷储企业的市场化、小型化、灵活化公司正在兴起，正逐渐提升新型电力系统的灵活性。负荷型的运作模式创新，主要是重点聚合用户侧的可调节负荷，在基本不影响用户用电的前提下，聚合一定时间内可灵活参与调节的负荷。电源型的运作模式创新，主要聚合调控分布式能源，如小型光伏、风电等。允许成立售电公司以来，随着市场不断发展，现今售电公司的业务分为五类。一是基本售电业务。即从发电企业购电，向用户售电，赚取价差实现利润。二是发电业务。售电公司及其母公司是否掌握发电资产，也是售电公司争取优惠电价的关键。三是用户业务。售电公司可以在用户侧提供相关的技术、人力、设备、金融等增值服务。四是综合能源业务。售电公司可通过打通供电、供气、供暖等之间的能量转换渠道，将各种形式的能源有效整合，实现能源资产的保值、增值。五是配电业务。对于拥有配电网经营权的售电公司而言，它可以借助配电网优势为客户提供更好的供电保障，从而赚取配电利润。

（4）在终端融合方面，能源互联网和电力物联网成为未来电力算力融合的模态逻辑。电网连接着电力生产和消费，处于能源转型的中心环节。加快电网向能源互联网升级，推动构建新型电力系统的主要做法表现在四个方面。一是通过加强电网互联互通，解决可再生能源大规模并网、大范围配置问题。二是通过提升系统调节能力，适应新能源高比例接入、大规模消纳及由此带来的供需匹配要求。三是通过全面提升电网数字化、智能化水平，为分布式新能源发展和电动汽车等新型设施并网接入提供更加便捷的服务。四是通过推进技术研发，努力攻克新型电力系统安全稳定控制难题。泛在电力物联网是泛在物联网在电力行业的应用落地，其应用"大云物移智链"等现代信息技术和先进通信技术，实现电力系统状态全面感知、信息高效处理、应用便捷灵活的新一代信息通信系统。随着泛在电力物联网的建设与快速发展，其开放共享的特点及业务创新的目标将为相关产业发展带来根本性的变革，使得相关业务的产品和服务在市场推广时面临着新的商业模式创新与设计。

第三节　电力算力在能源电力基建中的演进方式

类似于微电网—配电网—主网的链接演进，任何子系统的发展融合，必将经历天然接触、有意识的联合互促到整合型的统筹优化这样一个过程，进而形成一个新的强链接大系统。对于电力系统、算力系统融合形成电力算力巨系统而言，也符合这一发展演进方式，因此将会出现自发层面的融合、有意识的互促和全局层面的优化三个层次并行的演进方式。

一、基础设施层面的融合

提升现有资源的利用效率，避免基础设施的重复建设，是各个系统向外延伸的天然选择；对于电力系统和算力系统而言，互相延伸之下，在杆塔资源、空间资源等方面具备基础设施融合的必然意义。

以"5G + 输电杆塔"为例。5G 网络的建设催生出大量的新增基站需求，5G 网络基站数量将比 4G 网络基站数量提高 3 倍以上，需要更多光缆线路和安装站址资源，仅靠铁塔公司自建不能完全满足运营商快速发展的要求。但电网公司的杆塔资源分布十分广泛，除城市核心区略少外，在城市近郊、铁路公路沿线等均有大量的杆塔资源，甚至在偏远地区仍有广泛分布，绝大部分杆塔可满足无线基站和通信光缆附挂的需求。5G 基站与电网共享铁塔，将光缆、通信基站、移动天线等通信设施附属在输电线路本体上，使电力通道资源获得再利用和综合利用。实现了 5G 运营商和电网企业的资源共享，统筹铁塔等基站配套设施建设需求，遵循"集约利用存量资源、能共享不新建"原则和绿色发展理念。

在空间资源方面，多站融合是能源互联网建设和新兴产业发展的重要举措，利用变电站站址富余资源融合建设数据中心站、充（换）电站、5G 基站、储能站、北斗基站、分布式电源等，通过资源商业化运营，对内挖掘资源价值，对外引领相关行业发展、实现共享共赢。国家电网有限公司长期以来着力推动数据中心站与变电站等基础设施的融合建设，2019 年，国家电网有限公司编制了《多站融合数据中心站设计技术方案》和《关于多站融合数据中心站商务拓展工作指导意见》，以现有变电站标准化设计方案为基础，充分考虑变电站设施资源优势，提出变电站与数据中心站场地、建筑物、消防系统、供电方式、接地、防雷、通信、智能化系统等"八个融合"设计原则，为推进标准化设计奠定了基础。

二、生产运营层面的互促

电力算力不仅是在算力基础上叠加电力，或在电力基础上提供算力，而是能够将电力与算力融合成为一体化的资源供给与生产调配方式，从而为经济社会提供更安全、更便捷、更智能的公共基础服务与基础性生产要素。

算力基础设施参与电力生产运营全过程，主要体现在应用"大云物移智链"等现代信息技术和先进通信技术，在线连接能源电力生产与消费各环节的人、机、物，承载贯通电网生产运行、企业经营管理和对外客户服务的数据流与业务流，实现电力系统状态全面感知、信息高效处理、应用便捷灵活的新一代信息通信系统，电力系统将具有全息感知、泛在连接、开放共享、业务创新等特点。算力参与电力运营不仅表现在与终端用户息息相关的低压配电侧，还在电力调度、源网协同、供电服务、营销计费乃至于电力规划、电力建设方面均有大量应用，新型电力系统建设的方方面面都离不开算力与数字化的赋能。

电力保障算力供给，算力基础设施向全社会赋能离不开电力基础设施对数据中心、通信中心、云服务器等设备设施的全面保障。随着智慧城市建设加速，电力资源和算力资源之间的关系日益紧密，电费支出在数据中心全生命周期成本占比高达65%。同时，随着电动汽车、分布式新能源等城市负荷的多元化发展，城市配电网也需要由单向消费向双向产消模式持续转变，这也扩大了依靠数据中心实现需求侧响应的需求。在国家枢纽数据中心的电力保供与需求侧柔性调节方面，以需求为导向的京津冀、长三角、成渝、粤港澳四大枢纽人口密集、数据密集区，算力需求巨大；以资源为导向的内蒙古、宁夏、甘肃和贵州枢纽所处地域大多地广人稀，土地、绿电资源丰富，气温较东部低，数据中心成本较低。对于八大枢纽而言，无论是需求导向还是资源导向，都拥有较为丰富的需求侧响应或者供给侧统筹资源，有利于使用低廉的电力进行算力保障。

随着算力枢纽、算力集群的建设，电力算力融合将不仅局限于互相支持算力系统和电力系统的运营，还会呈现出更深层次的联合调度控制形态，这是算力需求侧响应、电力保障数据中心用能的天然延拓。现阶段，大多数算力枢纽实现了部分电力备用集成，部分电力基础设施也实现了部分算力基础设施的集成。但更深层次的一体化调控设施形态尚未完全呈现。未来的电力算力联合调控将不再以"谁集成谁"为导向，而是"天然的一体化"建设与运作。

三、全局层面的优化

如果将杆塔融合、多站融合称为第一阶段的组合模式，将数据中心参与调度调峰辅助服务市场称为第二阶段的配合模式，那么未来必定是第三阶段的融合模式：在这种模式下，电力和算力乃至于多种干系的公共基础设施均会以全局性、系统性、全生命周期性的最优为目标，创新出融合态下的新型协同电力算力。

电力行业与算力行业从接触到配合再到融合是统一大市场发展下电力算力行业发展的必然进程。当前阶段，尚处于"各自建设，互相配合"阶段，尚未在建设阶段及其之前的规划预演阶段进行统筹规划。但更高层面的统筹规划存在必然性，国家政策也有意牵引形成统筹有序的规划指引。2023 年 3 月，国家能源局发布《关于加快推进能源数字化智能化发展的若干意见》，也提出需要"充分结合全国一体化大数据中心体系建设，推动算力资源规模化集约化布局、协同联动，提高算力使用效率"。在能源行业的规划文件中，首次提出推动算力资源集约化布局，这实际上释放了电力行业统筹引领算力行业规划布局的信号。

除主观层面上规划阶段有意识地进行统筹规划布局外，客观层面在电力行业和算力行业纵向一体化也会无意识地进行延伸性互嵌。这种互嵌类似于算力中心配置柴油发电机和水冷蓄电池进而参与需求侧响应、电力调度及通信中心配置算力基础设施并对外进行服务，是一种天然的产业一体化。产业发展具有历史必然性，纵向一体化与横向一体化的延伸将在前期导致各自基于本领域特色，并逐渐进入市场竞争，继而形成联合化、一体化的运作趋势。类似于现在能源产消者的模式，未来也将出现电力算力协同产消者。

在实现物理层面的布局优化和产业层面的外延接驳后，商业模式的互联网化将形成新的电力算力市场形态。研究展望，认为类似于近年来通信行业将"流量""短信""电话分钟数"形成套餐，继而又将"家庭宽带"纳入其中，形成家庭套餐、宽带套餐等多个类型的商业模式创新，未来电力算力也将呈现出与市场结构和社会需求相匹配的商业模式，为社会提供多元化、个性化的差异性电力算力资源。

第四节　新经济形态下的电力算力基础设施融合趋势

未来电力算力发展之路，其重心在于通过基础设施层面、生产运营层面、一体化运作层面的融合协同，不断降低电力算力供给的社会成本总和。社会成本总和不仅包括生产运营成本的建设成本、电力供给成本、调度互济成本和算力使用成本，还包括社会建设的全生命周期成本、绿色环保等社会环境成本、拉动就业及创造当地税收等社会成本效益。不断通过创新商业模式、交易品种、合同合作模式、所有制和股权模式，对电力算力一体化运作形成强耦合链接。

新的经济形态下，未来电力算力融合发展之路，有如下十大发展趋势。

一是电力算力融合，将进一步深化和升级电力行业对数字化、智能化转型的认识，促成从"算力赋能电力"到"电力融合算力"的思维方式的转变。二是电力算力融合，将进一步改变算力行业对降低生产运营成本强化竞争优势的认知，促成从"电力基础设施降低电价保算力"到"服务算力基础设施的电力产销"

的思维方式转变。三是电力算力融合，将进一步提升全社会的算力需求响应能效，缓解社会生产与日益增长的美好用能的绿色智能化需求矛盾。四是能源大数据与大数据能源的社会性将进一步凸显，数智化新型能源电力系统与绿色化新型数据中心将是必然形态。五是电力算力产业发展，商业模式与金融创新将是核心增长赋能点，全社会均享有产业融合发展红利，但基础设施供应及服务商仍是基础保障。六是电力算力产业发展，具有宏观和微观的双重赋能属性，宏观上，解决电力算力东西部供给与需求资源优化配置问题；微观上，解决各区域制造业算力与绿色焦虑问题。七是电力算力产业发展，将进一步为一批"专精特新"企业开辟创新应用空间，形成电力行业与算力行业之外的市场化"蓝海"。八是电力算力产业发展，将促进碳汇、绿电、绿证等市场交易，需要形成社会化资产共识以应对可能存在的公益属性问题和伦理问题。九是电力算力产业发展，需要以国家整体安全观贯彻到产业形成初期，主动适应"安全边界开放""未知大于已知"的新情景，构建全新的电力算力安全保障体系。十是电力算力产业发展，将面临更加激烈的国际竞争，需要以现代产业链链长制为基础，多链融合发力向国际话语权稳中求进。

CHAPTER 07

统筹安全与发展：数字经济下能源新基建重点问题探讨

数字新基建对能源保供的新压力

随着"数字中国"建设的不断深入，数字基础设施已经成为现代社会不可或缺的组成部分。数字新基建作为我国短期拉动需求、长期增大供给的重要抓手，正在逐步发挥其重要作用。随着5G、大数据、物联网、人工智能等先进数字技术的快速普及，数据中心、通信网络、智能终端等构成了规模庞大的数字网络。"万物互联"在促进经济社会发展、提高人民生活水平的同时，其所产生的海量数据极大地提升了对计算与处理能力的需求，随之而来的能耗问题日益凸显。具体而言，数字基础设施的能源消耗呈现出高能耗、稳定性要求高、时空分布不均等特征。本节将从以上三个方面，阐述数字新基建对能源保供带来的新压力。

一、数字基础设施能耗普遍较高，导致能源供需平衡更加困难

数字基础设施的大规模投运极大地提高了全社会的能源需求，尤其是对电力的需求。随着数字经济的不断发展，数字基础设施的能耗预计将持续不断增长。2021 年，我国数据中心年耗电量为 2.16×10^{11} 千瓦时，这一数值为同期三峡电站累计发电量 1.03×10^{11} 千瓦时的两倍，约占全国总用电量的 2.6%；2022 年，我国数据中心耗电量约 270 太瓦时，达到全国总用电量的 3.1%，足以满足上海、深圳两座超一线城市的全年用电需求。据预测，信息通信行业碳能耗预计在 2030 年将超过全球总能耗的 20%。[①]

数据中心是数字新基建中能耗最高的设施门类。要实现数字经济，需要建设大量的高能耗的算力数据中心。数据中心能耗是指数据中心各种用能设备消耗的能源总和。IT 设备、冷却系统和供配电系统等设备的能耗共同构成了数据中心的能耗。典型的数据中心能耗构成如图 7－1 所示。

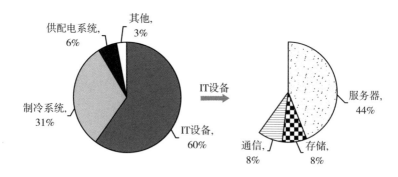

图 7－1　典型数据中心能耗构成

① "数电"协同 绿色发展［N］. 中国能源报，2023－10－16.

IT 设备是数据中心最大的能耗主体。数据中心内部包括大量的服务器、存储设备、网络通信设备等，这些 IT 设备通过不断地处理、存储和传输数据为用户提供服务。一方面，日益增长的计算需求需要巨大的算力支持；另一方面，为了实现高速、稳定的数据传输，数据中心通常需要大量的网络通信设备（包括路由器、交换机、光纤等）不间断运行以保持通信畅通。海量的数据处理、存储和传输需要大量的电力支持，从而导致数据中心的能耗极高。

冷却系统也是数据中心能耗的主要来源。IT 设备运行时会产生大量的热，需要冷却系统进行降温散热处理，从而保持 IT 设备正常运行所需的温度。电能利用效率（power usage effectiveness, PUE）常被用来评价数据中心的能效，定义为数据中心总能耗与 IT 设备能耗的比值。PUE 的值大于 1，越接近 1 表明非 IT 设备能耗越低，即能效水平越高。目前，我国数据中心总体处于粗放建设阶段，呈现规模小、地理位置分散的特征。其中，中小型数据中心占比超过 85%，且主要采用空调、冷水机等传统高耗能模式制冷。统计表明，2021 年度我国数据中心平均 PUE 仅为 1.49，并且有相当数量的数据中心的 PUE 在 1.8 乃至 2.0 以上。[①] 随着全社会算力需求的不断增加，数据中心提供计算服务所需功耗将继续呈上升趋势。由于产业化程度不够、市场规模有限等原因，目前低能耗的新一代冷却技术（如液冷、间接蒸发、氟泵等）尚未大规模普及应用，导致数据中心制冷系统的能耗仍将不断增加，进一步加剧数据中心的能源消耗。

数字基础设施已然成为当今社会中不可忽视的能源消耗来

---

① 第九届数据中心标准峰会. 2021 年中国数据中心市场报告 [R]. 2021 - 11 - 24.

源。随着数字化技术的广泛应用和数字新基建项目的快速建设，数据中心、5G 基站等数字基础设施的能源消耗将继续大幅度增加，加剧我国能源供应的紧张局势。

二、数字基础设施可用性需求高，需要能源供应高度稳定

数字基础设施承载着大量关键业务与重要数据，任何停机或中断都可能导致巨大的经济损失，这要求能源供应具有高度的稳定性。

提高数字基础设施的可用性有助于确保用户业务的持续运行，降低系统故障风险。系统的可用性是指在开始一项任务时处在指定的可操作或可提交状态的程度，简单来讲，就是系统处在可工作状态的时间的比例，可用公式（7－1）计算：

$$A = \frac{MTBF}{MTBF + MTTR} \times 100\% \qquad (7-1)$$

式中：A 表示系统的可用性（availability）；$MTBF$ 表示平均故障间隔（mean time between failure）；$MTTR$ 表示平均修复时间（mean time to repair）。目前，业界常用"几个九"来表示系统的可用性，系统可用性标准如表 7－1 所示。"几个九"对应小数点后 9 的个数，如"五个九"相当于 0.99999，即 99.999%。

表 7－1 系统可用性标准

可用性级别	系统可用性	年故障时间	月故障时间	周故障时间	天故障时间
不可用	90%	36 天 12 小时	3 天 1 小时	16 小时 48 分	2 小时 24 分
基本可用	99%	3 天 15 小时 36 分	7 小时 18 分	1 小时 41 秒	14 分 24 秒

续表

可用性级别	系统可用性	年故障时间	月故障时间	周故障时间	天故障时间
较高可用	99.9%	8 小时 46 分	43 分 48 秒	10 分 6 秒	1 分 27 秒
高可用	99.99%	52 分 34 秒	4 分 23 秒	1 分 1 秒	8.64 秒
极高可用	99.999%	5 分 16 秒	27 秒	6 秒	0.86 秒

为了保障业务的持续运行以及数据的安全可靠，并且考虑提高用户满意度、加强市场竞争力等目标，数字基础设施通常采用"四个九"到"五个九"的可用性指标。数字基础设施的高可用性要求安全、稳定的能源供应，通常需要部署备用电源来确保系统的稳定供电。例如，当主电源故障或停电时，使用 UPS、备用发电机等设备进行临时供电，保证系统的正常运行。

另外，为了实现系统的高可用性，还需要在数字基础设施中部署冗余系统。除前述 UPS、备用发电机等电源冗余外，冗余系统通常还包括以下几种类型。

硬件冗余：为数字基础设施中的关键设备（如服务器、存储设备、网络通信设备等）设置备用设备。当主设备发生故障时，备用设备可以立即接管其工作，保证系统的正常运行。

软件冗余：通过软件技术实现系统备份。例如，通过虚拟化技术创建虚拟服务器，当服务器发生故障时，通过快速启动虚拟服务器来继续提供服务。

数据冗余：利用数据备份来保证数据的安全性和可靠性。例如，通过定期备份数据到不同存储位置或设备上，并确保数据的一致性和完整性，以防止数据丢失或损坏。

冗余系统需要时刻运行以确保数字基础设施各项服务的不间断。例如，备用服务器、存储设备、网络设备等在正常情况下需要持续运行，保持系统时刻处于备用状态；UPS 等也需要保持运行状态以确保数字基础设施在电力中断时的正常工作。冗余系统的部署会为数字基础设施带来额外的能源消耗，并且即使在非高峰时段，其能耗也不会显著下降。随着数字基础设施的发展建设，这将为我国能源供应带来额外压力。

三、数字基础设施能耗时空分布不均，部分地区、部分时段能源供应紧张

数字基础设施的布局往往与用户分布和业务需求强相关，导致其能耗在空间和时间上的分布不均衡。

从空间角度看，由于我国地区经济发展水平不均，现阶段表现为东部算力需求旺盛、西部算力需求相对较低的特点。与用户需求相匹配，我国数据中心呈向算力需求中心聚集的态势。当前，我国数据中心分布以粤港澳大湾区、长三角、京津冀等发达地域为主，大约80%的数据中心集中在用户规模较大、算力需求旺盛的一线城市及沿海城市。截至2021年底，北京和上海的数据中心机架数量位列全国前两位。相比之下，中西部地区的算力市场需求较低，导致本地数据中心数量较少。数据中心的东西部分布不均导致电力需求向东部集中，呈现出"东高西低"的特征，但我国的能源分布与之相反。我国中西部地区拥有丰富的自然资源，特别是可再生能源丰富。例如，新疆、青海等地的风能、太阳能资源富足，云南、四川等西南地区则拥有丰富的水力资源。反观东部地区，由于能源资源相对不足，近年来的能源供应日趋紧张。我国算力需求与能源供给的空间分布不匹配，使得东部地区数据中心面临更大的能源保供压力。

从时间角度看，数据中心计算需求动态变化，能耗波动性大。数据中心的计算负载随客户的业务需求而动态波动，其能耗在满载和空载状态下会产生巨大的峰谷差。例如，一个拥有10万台服务器的数据中心，其满载功耗和空载功耗典型值分别为20兆瓦和10兆瓦，峰谷差达10兆瓦。同时，数据中心能耗存在明显的季节性波动。在夏季，由于气温较高，数据中心的冷却系统需要消耗更多的能源来维持内部正常的工作温度；在冬季，随着外界气温下降，冷却系统的能耗相对较低。另外，客户需求具有很强的不确定性，难以准确预测。在"双十一"、热门话题爆发等业务场景下，业务需求可能会产生爆发性增长，从而导致数据中心能耗的急剧上升。但由于用户行为的不确定性，这种能耗增长的时间和程度难以提前准确捕捉。因此，数据中心能耗的动态变化及高度的不确定性，为其能源保供带来了极大困难。

第二节　能源绿色转型对数字新基建的新要求

随着信息化进程的加速推进，数字基础设施作为支撑"数字中国"建设的"基座"，正日益成为助力各行各业发展的重要引擎。然而，数字基础设施对能源消耗和自然环境的影响也受到人们的日益关注，特别是在"双碳"目标下，数字新基建面临着新的挑战和要求。本节将探讨能源绿色转型对数字新基建的新要求，以期为数字经济时代的可持续发展提供有益的思考和建议。

一、加快新一代制冷技术应用，提高数字基础设施的能源效率

在能源绿色转型背景下，需要着力提高数字基础设施能效，通过降低系统的能源消耗，实现降低碳排放的目的。目前，数据中心年使用电力超过 200 太瓦时，预计 2030 年其耗电量将占全球能耗的 8% 以上。此外，5G 通信系统的耗能大约是 4G 通信系统的 3 倍，而规划中 6G 通信系统的耗能大约是 5G 通信系统的 10 倍。目前，信息通信行业碳排放量占全球碳排放量的 2% 以上，其能耗预计在 2030 年将超过全球总能耗的 20%，碳排放也将随之急剧增加。然而，在"数字中国"目标驱动下，需要建设大量的高能耗数据中心，数字基础设施能耗需求大幅增加，倘若碳排放也随之大幅增加，将直接影响"双碳"目标的实现。

冷却系统能耗是数据中心能耗的重要组成部分，约占 30%～40%，通过减少冷却系统的能源消耗是数据中心节能降碳的重要途径。近年来，国家和地方出台了一系列政策，规范数据中心的用能管理及 PUE 值。例如，2021 年，中华人民共和国工业和信息化部印发《新型数据中心发展三年行动计划（2021—2023 年)》，提出"新建大型及以上数据中心 PUE 降低到 1.3 以下，严寒和寒冷地区力争降低到 1.25 以下"；2022 年，上海市印发《关于推进本市数据中心健康有序发展的实施意见》，要求"集聚区新建大型数据中心综合 PUE 降至 1.25 左右"；2023 年，深圳市印发《深圳市碳达峰实施方案》，提出"逐步改造或淘汰 PUE 高于 1.4 的'老旧小散'数据中心，新建数据中心实施减量替

代，PUE 应低于 1.25"；2023 年，中华人民共和国工业和信息化部、中华人民共和国生态环境部、中华人民共和国财政部联合印发《绿色数据中心政府采购需求标准（试行）》，并要求运维服务"2023 年 6 月起数据中心电能比不高于 1.4，2025 年起数据中心电能比不高于 1.3"。上述政策的实施旨在有序推动数据中心的绿色高质量发展。

革新数据中心冷却技术是有效降低 PUE 的重点，目前业内专家将目光投向液冷技术。液冷技术采用液体作为换热媒介在靠近热源处进行热量交换实现冷却，避免了传统风冷通过空气间接制冷。通常，液体具有更高的比热容，故而液冷技术的制冷效果通常远高于传统风冷技术。数据表明，液冷技术的冷却力是空气的 1000 ~ 3000 倍，热传导能力是空气的 25 倍，相比传统风冷技术可以节电 30% ~ 50%。[①] 中科曙光历时十年研制的浸没式相变液体冷却技术可以助力数据中心实现全地域全年自然冷却，将 PUE 值最低降至 1.04，相比传统风冷数据中心可节电超过 30%。依据 2021 年耗电量数据，若全国数据中心采用中科曙光浸没式相变液冷技术，每年可节电约 650 亿千瓦时，减少二氧化碳排放约 3700 万吨，相当于植树 4.9 亿棵。阿里巴巴仁和云计算数据中心采用全浸没式液冷服务器，这是我国首座绿色等级达 5A 级的液冷数据中心，PUE 低至 1.09。2022 年 4 月，中国信息通信研究院牵头编制的 5 项液冷系列行业标准正式实施，为数据中心液冷产业发展提供了有效指导。另外，应用人工智能、先进信息技术等优化冷却系统的运行模式，也是提高其能源利用效率、降低能耗的重

---

① "点亮液冷 绿动未来——2022 数据中心液冷技术研讨会"内容节选，2022 - 04 - 22.

要途径。百度云计算（阳泉）中心应用自研"零功耗"置顶冷却单元及 AI 调度技术，实现了年均 PUE 低至 1.08。但由于产业化程度不够、市场规模有限等原因，目前新一代冷却技术尚未大规模普及应用。在"双碳"目标牵引下，需要加快液冷、间接蒸发、氟泵等低能耗冷却技术的市场推广，有效提升数据中心的能效水平、降低碳排放。

二、加快部署新能源和储能，助力数字基础设施的绿色低碳转型

随着相关政策及能耗指标的日益缩紧，利用通过新能源和储能的一体化部署有望转变数字基础设施的能源供应结构，提升绿色低碳化水平，同时降低其运营电力成本。2021 年 7 月，中华人民共和国工业和信息化部发布《新型数据中心发展三年行动计划（2021—2023 年）》，提出要着重引导新型数据中心走高效、清洁、集约、循环的绿色低碳发展道路。2023 年 12 月，国家发展改革委等部门发布《关于深入实施"东数西算"工程 加快构建全国一体化算力网的实施意见》，指出要推动算力与绿色电力的一体化融合、推动数据中心用能设备节能降碳改造、推动数据中心备用电源绿色化、提升数据中心能源利用效率和可再生能源利用率。

采用清洁的可再生能源供能是数据中心、5G 基站等数字基础设施实现（近）零碳排放的重要手段，已经成为行业广泛关注的热点话题。数字基础设施可以通过直接采用风电、光伏等新能源发电或通过绿证交易间接促进新能源的使用，实现传统非清洁

电力的用能替代。国内外已有部分数据中心尝试规模化的新能源供能方案。中国电信（国家）数字青海绿色大数据中心于2022年7月建成投运，面向全国客户提供设备托管、互联网接入、数据存储、数据计算、数据交换及异地备灾等主流服务。青海省是能源大省，太阳能、水能、风能资源位居全国前列。该数据中心充分利用当地新能源资源禀赋，通过自建分布式新能源设备，成为全国首个100%清洁能源可溯源绿色大数据中心。

但是，能源供需两侧需要实时平衡，每个瞬时的发电量必须严格等于用电量，这对不确定性高的可再生新能源如风能、太阳能的利用带来了根本性挑战。虽然可再生新能源具有清洁环保优势，但风电、光伏发电对自然条件（风速、光照强度、温度等）的依赖性强，其间歇性、波动性、随机性特点难以保证数字基础设施的供电稳定。例如，在白天电力需求高峰期，可能由于风的骤停或者阳光遭遇乌云的遮挡而导致风电或光伏的发电量急剧减少；而夜晚用电量大幅减少，但这时风能可能非常丰富，却无法利用，只能被浪费。因此，储能技术（电池储能、飞轮储能、氢储能等）是可再生新能源利用的关键。具体来讲，储能就是利用物理、化学方法储存可以方便转化成电能的机械能、化学能或其他形式的能量，根据需要再将储存的能量转化成电能。通过新能源与储能技术相配合，可有效提升清洁电力供应的稳定性，保证数字基础设施用能的供需实时平衡。2021年7月，世纪互联新一代荷储数据中心项目在佛山智慧城市数据中心正式合闸，这是我国首个规模化新型储能技术应用于数据中心的项目。该项目以数据中心为主要负荷对象，配备2兆瓦时储能作为"电力蓄水池"，并与光伏发电系统在交流侧耦合，最终在数据中心10千伏高压侧并网。另外，数字基础设施还可借助储能系统参与电网需求侧响应项目。当前，我国普遍采用峰谷分时电价，峰谷价差有逐渐拉大的趋势，提供了峰谷套利的空间。储能系统可通过在电费低谷期充电、在电费高峰时放电，并根据电价信号调整充放电策略，最终降低数字基础设施的用能成本。

三、加快构建全国一体化算力网，促进数字经济的可持续发展

构建全国一体化算力网有利于通过东西部协同联动，促进数字基础设施的绿色低碳发展，是助力实现碳达峰、碳中和国家战略目标的重要手段。

现阶段，我国算力需求与绿色能源供应呈现空间分布不均衡的特点。目前，我国东部算力需求旺盛，但由于土地、能源等资源日趋紧张，在东部地区大规模建设数据中心难以为继。相比之下，西部地区资源充裕，特别是可再生能源丰富，具备发展绿色低碳数据中心并承接东部算力需求的潜力。2022 年，"东数西算"国家战略工程正式启动，旨在通过构建数据中心、云计算、大数据一体化的新型算力网络体系，优化数字基础设施系统化布局，促进东西部的协同发展。通过全国一体化算力网建设，可充分发挥西部区域气候、能源、环境等方面的优势，引导数字基础设施向西部资源丰富地区聚集，同时通过技术创新，扩大可再生能源的供给，促进可再生能源就近消纳，助力我国数字基础设施实现绿色、低碳、可持续发展。

2023 年 12 月，国家发展改革委等五部门联合发布《关于深

入实施"东数西算"工程 加快构建全国一体化算力网的实施意见》，提出"东西联动、融合创新"以及"绿色低碳、安全可靠"的基本原则，指出要建立东西部联动机制，积极推动算力和绿色电力协同建设，充分发挥风光水电资源丰沛地区的优势，提升绿色算力供给水平。该实施意见首次提出要"算力电力协同"，形成算力与电力形成相互支撑、协同发展的新态势。一方面，数据中心的高效运转需要大量电力支撑；另一方面，电力系统的平稳高效运行也离不开算力支撑。通过建设全国一体化算力网，统筹算力电力协同布局，有助于促进风光绿电消纳和数字基础设施的低碳发展，加快实现"双碳"目标。

第三节　统筹安全与发展的能源新基建策略

一、加快清洁可再生能源发展进程，增加发展新质生产力的绿色动能

发展新质生产力要求加快生产力的绿色化转型，助力实现"双碳"目标，以清洁可再生能源驱动绿色产业发展、壮大绿色经济规模，走资源节约、生态友好的发展道路，通过电/氢/冷/热等多种能源的协同互补，提高新基建项目的能源综合利用效率。

在此目标下，要以氢为纽带促进电/气/冷/热等多种能源的耦合互补及碳减排，提高清洁能源的利用效率。同时，以大规模新型储能、核能高效热利用等关键技术突破为基础，促进储能技

术与火电、可再生电等新能源融合，有效应对风电、光伏等可再生新能源的不确定性，促进清洁能源多能互补与高效利用。

在关键技术突破的基础上，围绕绿氢、储能、合成气/甲醇等关键技术，结合化石能源清洁利用与可再生新能源规模应用，在典型区域推进低碳化多能融合区域示范，建设零碳数据中心、零碳5G基站，推动数字基础设施从消费者向产消者转变，为构建清洁互补、多能融合的现代化能源新基建体系提供系统性解决方案。

二、构建智慧能源系统，优化能源的配置和管理水平

数字经济时代下，产业数字化进程不断加快，新一代信息技术的发展进一步催化了能源与信息产业的交叉融合。在数据中心、5G基站等数字基础设施的规划、建设、运营过程中，可根据业务需求、设备能耗、环境温度等多条件的综合协同，进行数字基础设施的能耗优化，通过智能传感器结合数据分析优化不同时段的变化规律，为系统节能增效提供智能感知—实时通信—自主计算—协同优化一体化的智慧能源服务方案。

首先，基于数据驱动，通过构建模型算法平台实现能源供需预测，提升系统运行智能决策水平，通过支撑供能安全与智能、高效传输，有效提高清洁能源占比，推动能源供应模式多元化，助力能源生产革命。

其次，基于用户画像提供精准服务，灵活汇聚需求侧资源，结合供应侧资源提高能效，通过支撑综合能源服务等新业态、新模式发展，赋予用户更广泛的消费选择权，提升用户对自身能效

水平的全面感知，助力能源消费革命。

再次，基于"云大物移智链"的创新应用，利用能源大数据、能量路由器、数据中台等，推动工业互联网与能源电力系统融合，实现智能化、精确化和标准化转变，通过能源与电力信息数据的挖掘和应用，助力能源技术革命。

最后，基于区块链进行点对点能量交易、绿证交易，实现电力市场交易模式创新，通过打造互惠共赢的能源互联网生态圈，推动共享经济和平台经济建设，进而带动上下游及周边产业协调发展，助力能源体制革命。

三、促进国际交流合作，加快构建人类命运共同体

我国天然气和原油对外依存度高，且天然气和原油对外依存度仍不断上升，2013～2022 年分别上涨 27% 和 23%，这使得国际形势变动和能源市场博弈极易对我国能源安全产生消极影响。因此，我国需要加强能源领域的国际交流合作，尤其是通过"一带一路"建设，构建人类命运共同体，共同应对能源市场波动和国际地缘政治风险。

首先，要进一步保障开放条件下的能源安全。我们要以共建"一带一路"为引领，以互利共赢的方式充分利用国际国内两个市场、两种资源，提高我国在全球资源配置中的能力，更好地争取开放发展中的战略主动，保障开放条件下的能源安全。

其次，要高质量推进"一带一路"能源合作。我们要巩固拓展"一带一路"能源合作伙伴关系，深化绿色能源合作，与周边国家加强电力互联互通；要聚焦新发力点，塑造新结合点，加强

产业链、供应链畅通衔接；打造能源标志性工程，将"小而美"项目作为对外合作的优先事项，形成更多接地气、聚人气的合作成果。

再次，要统筹深化大国能源合作。我们要继续深化中俄能源领域多方面合作，按计划推进中俄远东天然气管道、田湾和徐大堡 4 台核电机组等项目建设；加强中欧在氢能、储能、风电、智慧能源等领域的技术创新和对话合作；有序开展及恢复中美能源领域交流。

最后，要统筹用好国际合作平台，我们把深度参与全球能源治理作为核心任务，推动建立更加公平合理、合作共赢的全球能源治理体系；我们要协调筹建中阿清洁能源合作中心、中国—中亚能源合作机制，完善中非能源伙伴关系机制，用好亚太经合组织（APEC）可持续能源中心，统筹开展清洁能源等对话交流；积极参与国际能源组织建设运行及国际核能合作框架领导层治理，开展共同应对气候变化和"双碳"的国际合作与交流。

四、完善能源政策和市场机制，为低碳转型提供良好的外部环境

首先，建立健全能源绿色低碳转型的管理机构和协调机制。通过管理机构负责能源转型规划的制定、政策的设计与协调，并与各相关部门进行沟通和合作，确保政策的有效实施。此外，还需要加强宏观调控和监管，建立完善的能源市场监管机制，避免市场失灵和垄断，并加强对新能源技术和装备的研发与应用支持，提高产业技术水平和综合竞争力。

其次，制定一系列激励措施推动能源的绿色低碳转型。我们要在推出绿色能源补贴政策，提高绿色能源的竞争力的同时，建立并完善绿色能源的消费者认证和核查制度，激励消费者购买和使用绿色能源产品。另外，我们要建立绿色能源贷款政策，给予绿色能源领域的企业一定的贷款支持，降低其融资成本，推动绿色能源的发展。

再次，我们要健全适应清洁低碳发展的市场机制；建立全国统一电力市场体系，加快电力辅助服务市场建设，推动重点区域电力现货市场试点运行，完善电力中长期、现货和辅助服务交易有机衔接机制，探索容量市场交易机制，通过市场化方式促进电力绿色低碳发展。此外，我们要完善有利于可再生能源优先利用的电力交易机制，开展绿色电力交易试点，鼓励新能源发电主体与电力用户或售电公司等签订长期购售电协议；支持微电网、分布式电源、储能和负荷聚合商等新兴市场主体独立参与电力交易。

最后，加强宣传教育和法律法规的制定与执行，提高社会对能源绿色低碳转型的认知和支持。政府可以加大对绿色能源的宣传力度，向公众普及绿色低碳理念和技术，并加强能源消费的监管和引导，鼓励公众积极参与绿色能源的使用与发展。此外，政府还应加大对环境污染和温室气体排放的整治力度，制定更加严格的法律法规，并加大对违规企业的处罚力度，以此推动能源绿色低碳转型的全面实施。

第八章

CHAPTER 08
统筹监管与服务：数字经济下能源新基建政策法规探讨

第一节 数字立法对能源新基建的影响

数字立法在促进能源产业数字化转型方面扮演着至关重要的角色。随着全球能源市场的快速发展和对可持续能源需求的增加，数字化已成为推动能源产业创新和效率提升的关键因素。

一、数字立法促进能源产业数字化转型

在数字经济背景下，我国已经对多个能源法律法规进行了更新或修订，以适应数字化、智能化的发展趋势。国务院印发的《"十四五"数字经济发展规划》明确了"十四五"时期推动数字经济健康发展的指导思想、基本原则、发展目标、重点任务和保障措施。其中，涉及数字能源的部分包括推动能源数字化智能化升级，以及加强能源互联网建设等。这一规划的实施，推动了

能源与数字化技术的深度融合，促进了能源产业的数字化转型。

数字立法在推动低碳绿色能源发展方面具有重要作用。2024年1月5日，国务院常务会议审议了《中华人民共和国能源法（草案）》，这是一项在能源领域具有基础性意义的法律文件。尽管该草案目前仍处于征求意见稿阶段，但已经涉及数字能源的相关议题。具体而言，该草案在征求意见稿中提出了推动能源革命、构建清洁低碳、安全高效能源体系的目标，其中包括了推动能源与数字化技术深度融合的重要举措。

除了该法案的重要作用，我国政府也在积极推动能源行业的数字化转型。在2023年3月，国家能源局发布了《关于加快推进能源数字化智能化发展的若干意见》，旨在促进数字技术与能源产业的深度融合，推动能源产业的数字化智能化升级。该文件提出了一系列基本原则，包括需求牵引、数字赋能、协同高效、融合创新，并制定了到2030年的能源数字化智能化发展目标。其中，数字能源的相关内容涉及了推动能源数字化智能化升级、加强能源互联网建设等重要举措。除该文件外，还有一些与数字能源相关的标准、规范文件出台，为数字能源的发展提供了技术指导和支持。

政府还制定了一系列新能源汽车产业政策，以推动新能源汽车的研发、生产和推广应用。2023年5月，国家发展改革委、国家能源局联合印发《关于加快推进充电基础设施建设　更好支持新能源汽车下乡和乡村振兴的实施意见》，提出了加快充电基础设施建设的目标和措施，以促进新能源汽车的普及和乡村振兴。数字经济下，充电基础设施的数字化智能化管理将提升充电效率和用户体验，该意见的实施为充电基础设施的数字化发展提供了政策指导。

二、数字立法加强能源市场的监督管理

在我国，数字立法通过一系列精心设计的法律和政策措施，显著加强了能源市场的监管和管理。数字立法通过确立法律框架，为能源市场的监管提供了基础性支撑。《中华人民共和国能源法（草案）》作为能源领域的基础法律，为能源的开发、利用、节约和环境保护制定了基本原则与监管要求。该法律明确了能源监管的目标、原则和职责，为能源市场的规范化和法治化奠定了坚实基础。此外，随着能源领域的发展，相关法律法规如《中华人民共和国电力法》《中华人民共和国可再生能源法》等相继出台，进一步细化和完善了能源市场的监管体系。

数字立法在推动能源战略规划方面发挥着关键作用。近年来，一系列重要的战略规划文件如《"十四五"现代能源体系规划》等的政策制定不仅明确了能源市场发展的方向，更通过设定具体的能源结构调整目标和行动计划，引导能源市场朝着健康发展的方向迈进。这些规划文件强调清洁能源和可再生能源的重要性，推动能源产业向绿色转型，从而确保了能源供应的安全性和稳定性。

数字立法还通过加强市场监管和促进公平竞争来提升能源市场的效率与透明度。例如，《国家发展改革委 国家能源局关于加快建设全国统一电力市场体系的指导意见》明确了电力市场体系的建设目标和监管措施，以打击市场垄断和不正当竞争行为，为市场主体提供了公平的竞争环境。这些政策措施的实施不仅能提高市场效率，也为消费者和投资者创造了更加公平的市场环境。

此外，在节能减排和环境保护方面，数字立法通过设定能耗"双控"目标和非化石能源比重目标，以促进节能减排政策的实施。这些政策的制定除了能够减少能源消费和环境污染，同时还为实现碳达峰和碳中和目标提供了重要支持。因此，能源市场监管机构能够更加有效地监控和管理能源消费，推动能源使用效率的提升。

数字立法通过建立和完善能源安全储备制度，加强了对战略能源资源开发的管控，确保了能源供应的稳定性和安全性。同时，通过完善能源运输战略通道建设和安全保护措施，增强了应对能源供应中断的能力。这些措施为能源市场的稳定运行提供了坚实的保障，也为我国能源安全战略的实施提供了有力支持。

三、数字立法对能源新基建的推动作用

1. 强化数据安全与隐私保护

《中华人民共和国数据安全法》自 2021 年 9 月 1 日起正式实施，标志着我国在数据安全领域立法迈出了重要一步。该法律明确了数据安全的国家战略地位，强调了数据开发利用与数据安全保护的平衡，为能源新基建中的数据安全管理提供了法律依据。该法律提出，数据处理活动应当遵循合法、正当、必要的原则，不得危害国家安全、公共利益，不得损害个人、组织的合法权益。对于能源企业而言，这意味着在推进数字化转型的同时，必须建立健全数据安全管理制度，确保数据处理活动的合规性。

根据《中华人民共和国数据安全法》的要求，能源行业应建立数据分类分级保护制度。这一制度的实施，有助于能源企业对

数据进行更为精细化管理。例如，对于涉及国家安全、国民经济命脉的数据，应实行严格的保护措施；而对于一般性数据，则可以采取相对宽松的管理策略。通过这种差异化的管理方式，能源企业既能确保关键数据的安全，又能提高数据资源的利用效率。

在能源新基建中，网络安全技术的发展与应用是保障数据安全的关键。《中华人民共和国网络安全法》等相关法规强调了网络运营者应当采取技术措施和其他必要措施，确保网络安全，防止网络数据泄露、损毁或者丢失。能源企业在数字化建设过程中，应积极采用先进的网络安全技术，如入侵监测系统、数据加密技术、安全审计等，构建全方位的网络安全防护体系。

数字立法还强调了人才培养和国际合作的重要性。《国家信息化发展战略纲要》等政策文件提出，要加强网络安全人才培养，提升网络安全保障能力。能源企业应与高校、研究机构合作，培养既懂能源技术又懂网络安全的复合型人才。同时，积极参与国际交流与合作，引进先进的网络安全理念和技术，提升能源行业的国际竞争力。

2. 优化资源配置，提高能源效率

我国政府着力推进《中华人民共和国国民经济和社会发展第十四个五年规划和 2035 年远景目标纲要》，其中明确提及了加速新型基础设施建设，特别是能源新基建的重要性。这一政策旨在借助数字化和智能化技术手段，促进能源产业的全面升级。在法律法规层面，《中华人民共和国数据安全法》和《中华人民共和国网络安全法》的颁布为能源数据的安全交流提供了法律保障，以确保在数字驱动的能源新基建中资源配置的安全性和效率性。

同时，《国务院关于积极推进"互联网＋"行动的指导意见》等政策文件为能源互联网的发展提供了明确指引和政策支持，鼓励利用物联网、云计算和大数据分析等数字技术优化能源的生产、分配及消费。这一举措使得能源资源的实时监控和动态调配成为可能，从而提高能源利用效率，减少能源浪费。

此外，《中华人民共和国能源法（草案）》及相关法律的规定，以及完善的能源大数据治理体系，也为能源资源的有效配置提供了技术支持和决策指导。相关政策文件还鼓励企业通过数据分析提高能源效率，促进能源消费的智能化和绿色化进程。不仅如此，《能源生产和消费革命战略行动计划（2016—2030 年)》进一步明确了推动新能源消费革命的目标，并通过支持智能电网和需求侧管理技术的发展，使得能源消费更加智能化和精细化。

这些政策的出台为新能源市场化交易提供了政策支持，数字平台的建设，尤其是新能源电力交易平台的推出，使得新能源电力交易变得更加灵活和高效。这些平台的运作利用先进的技术，如区块链等，保障交易数据的安全性和透明性，同时也提高了新能源电力的消纳率，优化能源资源的配置。

3. 对可再生能源政策的制定与执行

近年来，全球能源转型进程加快，可再生能源加速发展。大力发展可再生能源是我国践行应对气候变化自主贡献的承诺，也是推动实现"双碳"目标的战略选择。随着《国家能源局关于加快推进能源数字化智能化发展的若干意见》的发布，数字立法为能源新基建提供了清晰的发展路径。该政策强调数字技术与能源产业的深度融合，特别关注可再生能源的开发、利用和管理。通过数字化手段，可以更精确地进行资源评估、项目规划和风险管理，从而为可再生能源政策的制定提供科学依据。例如，利用大数据分析和人工智能技术，优化风能和太阳能资源的分布预测，为政策制定者提供更为精确的数据支持。

数字立法推动能源行业监管方式智能化转型。我国对新能源项目全生命周期管理有着一定的重视，《光伏电站开发建设管理办法》等法规通过建立数字化监管平台，实现对可再生能源项目的实时监控和评估，从而确保政策执行的透明度和效率。例如，通过智能电网和分布式能源管理系统，可实时跟踪光伏和风电等新能源项目的发电量与运行状态，及时发现并解决执行过程中的问题。

数字立法通过建立统一的能源市场体系，为可再生能源的发展创造了公平的市场环境。《关于完善能源绿色低碳转型体制机制和政策措施的意见》中提到，要建立全国统一的电力市场体系，推动可再生能源电力的市场化交易。这不仅有助于提高新能源的消纳率，还能通过市场机制激励技术创新和成本降低，从而推动可再生能源政策的有效执行。

第二节　能源新规对新基建进程的影响探讨

一、能源新规概述

新形势下，我国能源产业必须强化创新驱动，统筹发展与安全，促进形成以国内大循环为主体、国内国际双循环相互促进的新发展格局。为此，中央和地方相关部门出台了一系列支持政策，从提升技术创新能力、保障产业链供应链安全、提高国际化水平等方面，支持引导能源产业健康有序发展。中央层面具体能源新规如表 8 - 1 所示。

表 8 - 1　　　　　　　　　中央层面具体能源新规

政策文件名称	发布时间	发布主体	政策要点
《武汉市服务业扩大开放综合试点总体方案》	2023 年 1 月 10 日	商务部	以"光谷"为依托，打造全国光电产业服务中心；以"车谷"为承载，打造新能源汽车全产业链发展示范区
《关于组织开展公共领域车辆全面电动化先行区试点工作的通知》	2023 年 1 月 30 日	工业和信息化部等八部门	试点领域新增及更新车辆中新能源汽车比例显著提高；建成适度超前、布局均衡、智能高效的充换电基础设施体系
《智能汽车基础地图标准体系建设指南》	2023 年 3 月 3 日	自然资源部	到 2030 年，形成较为完善的智能汽车基础地图标准体系
《绿色产业指导目录（2023 年版）》（征求意见稿）	2023 年 3 月 16 日	国家发展改革委	新能源汽车关键零部件制造和充换电方面列入绿色交通产业类别
《2023 年全国标准化工作要点》	2023 年 3 月 24 日	国家标准化管理委员会	制定汽车芯片重点标准，实现安全、可靠和高效应用
《2023 年能源工作指导意见》	2023 年 4 月 10 日	国家能源局	聚焦城市道路智能管理、交通信号联动等场景，征集有利于城市交通网联化协同化发展的应用案例
《关于进一步构建高质量充电基础设施体系的指导意见》	2023 年 6 月 19 日	国务院办公厅	加快推进快速充换电、大功率充电、光储充协同控制等技术研究

续表

政策文件名称	发布时间	发布主体	政策要点
《关于延续和优化新能源汽车车辆购置税减免政策的公告》	2023年6月19日	财政部、税务总局、工业和信息化部	对购置日期在2024年1月1日至2025年12月31日期间的新能源汽车免征车辆购置税
《国家车联网产业标准体系建设指南（智能网联汽车）（2023版）》	2023年7月18日	工业和信息化部、国家标准化管理委员会	分阶段建立适应我国国情并与国际接轨的智能网联汽车标准体系

地方层面具体能源新规如表 8-2 所示。

表 8-2　　　　　　　　地方层面具体能源新规

省份	政策文件名称	发布时间	发布主体	政策要点
山东省	《山东省能源绿色低碳高质量发展2023年重点工作任务》	2023年3月7日	山东省能源局	加快海陆风光基地建设，强化科技创新，推进农村用能变革等
山西省	《山西省光伏产业链2023年行动方案》	2023年3月20日	山西省能源局、工信厅	强化光伏产业链发展，提升产能
上海市	《关于做好2023年风电、光伏发电开发建设有关事项的通知》	2023年3月31日	上海市发展改革委	推进海上风电项目，高水平开发陆上风电、光伏电站项目，提升技术水平等
湖南省	《湖南省2023年国民经济和社会发展计划》	2023年3月23日	湖南省人民政府	建设风电和光伏项目，推进碳达峰、碳中和，加强大容量电化学储能等关键核心技术攻关
河南省	《河南省减污降碳协同增效行动方案》	2023年2月24日	河南省生态环境厅等	推进风电、分布式光伏等新能源建设，提高太阳能、风能发电占比等

续表

省份	政策文件名称	发布时间	发布主体	政策要点
辽宁省	《辽宁省发展改革委2023年生态环境保护工作措施》	2023年1月20日	辽宁省发展改革委	加快清洁能源强省建设，推进风电、光伏重点项目建设等
广东省	《广东省能源局关于下达2023年地面集中式光伏电站开发建设方案的通知》	2023年4月6日	广东省能源局	确定本年度首批开发项目82个，总投资525.32亿元，2023年计划完成投资额为245.34亿元等
贵州省	《贵州省2023年度风电光伏发电建设规模项目计划》	2023年4月6日	贵州省能源局	风电光伏发电建设规模项目计划为3040万千瓦，第一批下达项目计划为1781.16万千瓦等
陕西省	《陕西省人民政府关于印发碳达峰实施方案的通知》	2023年2月17日	陕西省人民政府	到2025年非化石能源消费比重达到16%左右，推进多元储能系统建设与应用等
甘肃省	《2023年度省列重大建设项目名单》	2023年2月16日	甘肃省发展改革委	能源项目计划新开工、续建项目62个等
青海省	《青海省氢能产业发展中长期规划（2022—2035年）》	2022年12月9日	青海省发展改革委、能源局	规划氢能产业发展，明确重点任务，推进可再生能源制氢等
吉林省	《吉林省人民政府关于印发"氢动吉林"行动实施方案的通知》	2022年11月30日	吉林省人民政府	推进氢能产业发展，实现氢能产业规模增长等
宁夏回族自治区	《宁夏"十四五"新型储能发展实施方案》	2023年2月23日	宁夏回族自治区发展改革委	到2025年新型储能装机规模达到500万千瓦以上等
西藏自治区	《关于促进西藏自治区光伏产业高质量发展的意见》	2023年1月12日	西藏自治区发展改革委	建立资源开发利益共享机制，完善市场化资源配置机制等

续表

省份	政策文件名称	发布时间	发布主体	政策要点
福建省	《福建电力市场运营基本规则(试行)》	2023年1月17日	福建省发展改革委	明确电力市场建设的总体框架等
广西壮族自治区	《广西能源基础设施建设2023年工作推进方案》	2023年3月25日	广西壮族自治区发展改革委	加快输配电、电源、储能、油气煤炭储运和充电设施五大类项目建设
云南	《云南省能源局关于进一步规范开发行为加快光伏发电发展的通知》	2023年3月22日	云南省发展改革委	规范光伏发电开发,加快项目建设
内蒙古自治区	《内蒙古自治区能源局关于印发第二批工业园区绿色供电项目清单的通知》	2023年1月4日	内蒙古自治区能源局	绿色供电项目须配备至少15%储能或调峰能力,确保新能源全额消纳

二、能源新规对新基建项目选择的影响

在我国,可持续能源建设的政策导向已经成为推动新基建项目选择的关键因素。根据国家能源局的规划,2023年我国在能源绿色发展方面取得了显著成就,新增风电光伏装机容量突破2亿千瓦,创下历史新高。这一成就不仅标志着我国在全球可再生能源装机容量中占据了约40%的份额,而且体现了我国在新型能源体系建设上的坚定决心和实际行动。新型能源体系的构建,包括非化石能源逐步替代化石能源成为主体能源、新型电力系统的形成、氢能"制储输用"体系的建立、弹性韧性供应链的构建及新的治理体系的实施,这些都为新基建项目的选择和发展提供了明确的政策指引。

在这样的政策背景下，新基建项目的选择呈现出明显的绿色化和可持续化趋势。《"十四五"现代能源体系规划》的实施，进一步强化了这一趋势。规划中提出的现代能源体系，不仅涵盖了能源生产和消费的各个方面，还包括了能源技术、装备制造、服务模式等多个维度。新基建项目在选择时，必须考虑这些维度的要求，确保项目能够与新型能源体系相适应，促进能源的清洁、高效和可持续利用。例如，风电和光伏项目的开发，不仅需要考虑技术的成熟度和经济性，还需要考虑如何与智能电网、储能系统等新型电力系统相融合，提高能源的利用效率和系统的稳定性。

技术创新在新基建项目选择中的重要性不言而喻。政策鼓励以高水平科技自立自强加快形成能源领域新质生产力，这意味着新基建项目需要充分利用和整合新技术，如人工智能、大数据、云计算等，以提升能源产业的智能化水平。例如，智能电网的建设不仅能提高电力系统的运行效率，还能更好地适应可再生能源的波动性，确保能源供应的稳定性。此外，氢能作为一种清洁能源，其"制储输用"体系的建立，为新基建项目提供了新的发展方向，特别是在交通、工业和能源存储等领域。

三、能源新规对新基建项目设计与规划的影响

随着能源数字化智能化发展政策的出台，新基建项目在设计与建设阶段必须将能效和节能作为核心考虑因素。《"十四五"现代能源体系规划》的实施进一步凸显了在新基建项目中采用高效节能技术和材料的必要性。其中，政策要求项目规划者和设计师

采用创新的节能措施，如高性能隔热材料、智能照明系统和高效的能源管理系统，以减少能源消耗、降低运营成本，并提高经济效益。同时，政策还鼓励新基建项目充分利用可再生能源，通过设计优化提高能源产出和利用效率。

此外，智能化和数字化建设的推动也成为新基建项目设计与规划的重要内容。例如，《智能汽车基础地图标准体系建设指南（2023 版）》要求新基建项目在设计阶段考虑如何整合智能化基础设施，如智能电网、智能交通系统和智能建筑，因而这需要项目设计集成先进的信息通信技术，实现能源和资源的智能管理与优化分配。智能电网的实施能够实时监控和调整电力流动，从而确保电力系统的稳定性和可靠性，提高整体能源效率。数字化的能源管理系统则帮助项目管理者实时跟踪能源消耗，优化能源使用，降低运营成本。正因如此，这两种建设在新基建项目中的设计与规划显得更为重要。

《"十四五"可再生能源发展规划》的实施，进一步强调了可再生能源在能源结构中的重要性，要求新基建项目在设计时考虑最大化地利用可再生能源。政策对新能源汽车充电基础设施的建设提出了明确要求，推动新基建项目在规划时考虑充电站的布局和建设，支持新能源汽车的普及。数字化建设方面的政策，如《国家车联网产业标准体系建设指南（智能网联汽车）（2023 版）》，为新基建项目提供了指导，要求在设计阶段就考虑数据的收集、处理和应用，实现项目的智能化管理和服务。

四、能源新规对新基建项目实施和运营的影响

我国新能源基建项目的规划与实施正受到一系列政策的深刻

塑造。《关于进一步构建高质量充电基础设施体系的指导意见》的出台，标志着新能源汽车充电网络的发展迈入了一个新的阶段。该政策不仅规定了充电设施的建设标准，还强调了运营的智能化，确保了充电服务的便捷性和高效性，这对于新能源汽车的推广和应用至关重要。

在能源管理和技术创新方面，《2023年能源工作指导意见》为新基建项目提供了重要指导。其中，特别强调了城市道路智能管理、交通信号联动等领域的发展，为新基建项目在能源利用和交通管理方面的智能化提升提供了有力的政策支持。通过采取这些智能化措施，新基建项目能有效地提高能源利用效率，减少能源浪费，同时也能提高交通系统的运行效率和安全性。基于此，不仅有助于提升城市能源管理水平，还能推动智慧城市建设的进程，为城市的可持续发展贡献力量。

《绿色产业指导目录（2023年版）》的推行，进一步明确了新基建项目在绿色发展方面的要求。该目录将新能源汽车关键零部件制造和充换电设施建设运营纳入绿色交通产业类别，这不仅促进了新能源汽车产业的发展，也为新基建项目在设计和运营中融入绿色理念提供了指导。新基建项目在规划时，更加注重采用节能环保的材料和技术，以及在运营过程中实施严格的能源管理和节能措施，从而实现可持续发展。

这些政策的共同作用，为新基建项目提供了一个以高效能源利用和环境保护为核心的发展框架。新基建项目的设计和运营，因此更加注重长期的可持续性，以及对生态环境的积极影响。通过这些政策的引导，新基建项目正逐步成为我国实现能源转型和可持续发展目标的关键驱动力。

能源新基建的数字责任：监管、伦理与普惠

一、数字化能源新基建的监管问题

数字化能源新基建的迅速发展给我国带来了一系列监管挑战，尤其在技术应用、能耗监管和规划缺失方面。技术挑战是显而易见的，随着智能电网、分布式能源系统等新技术的广泛应用，监管机构面临着确保这些技术安全稳定运行的挑战。例如，智能电网的实时数据传输和处理需要高度的网络安全保障，以应对潜在的数据泄露和恶意攻击。同时，分布式能源资源的接入和调度增加了电网管理的复杂性，需要更为精细的监管策略和技术来确保电网的可靠性与效率。虽然《中华人民共和国网络安全法》和《中华人民共和国数据安全法》为数据和网络安全提供了法律框架，但监管机构仍需进一步细化规定，以应对数字化能源新基建带来的具体挑战。

能源消耗监管方面也面临着一系列问题。尽管《"十四五"现代能源体系规划》提出了提高能源利用效率的目标，但实际操作中监管机构缺乏有效的能耗监测和评估手段，导致能源消耗的不透明，从而难以实施节能减排政策。此外，一些地区和行业的能源消耗数据收集不全面，或者能耗统计方法不统一，这也影响了能耗监管的准确性和有效性。若要解决这一问题，监管机构需要建立健全能耗监测和评估体系，利用大数据和人工智能等技术手段提高能耗监管的精确性与实时性。

顶层规划方面，新基建项目的规划和实施过程中，往往缺乏跨部门、跨行业的协调机制，导致能源政策的制定和执行不够连贯。例如，能源、环境、交通等不同领域的政策目标和措施需要更好地整合，以形成合力推动能源新基建的可持续发展。《绿色产业指导目录（2023 年版）》的发布，为绿色产业的发展提供了指导，但在实际执行过程中，仍需加强不同政策间的协调和整合，确保政策的一致性和有效性。

为了促进高效监管和可持续发展，监管机构可以采取以下措施。

（1）加强技术标准的制定和实施是确保新技术安全可靠运行的关键。针对智能电网和分布式能源系统，监管机构需制定更为详细的安全规范和操作指南，以应对技术快速迭代带来的挑战。这些标准不仅需要涵盖技术操作层面，还应包括网络安全和数据保护，以防止潜在的网络攻击和数据泄露风险。

（2）建立健全能耗监测和评估体系对于提高监管的精确性和实时性至关重要。通过建立全国统一的能耗数据平台，监管机构能实时收集和分析数据，从而更有效地监测能源消耗和排放情况。这一平台的建立依赖于先进的信息技术，如物联网、云计算和大数据分析，以确保数据的准确性和处理的高效性。

（3）加强顶层设计和跨部门协调有利于确保能源政策的一致性与有效性。建立跨部门协调小组，负责能源政策的综合规划和执行监督，可以确保不同政策间的目标和措施相互支持，形成政策合力。因此，这种协调机制有助于打破部门壁垒，优化资源配置，提高政策执行的效率。

（4）鼓励公众参与和信息公开是提高监管透明度与社会信任的重要途径。若想更直接地了解公众意见和需求，监管机构可以通过公众听证会、网络论坛等方式听取公众建议，同时这样的方式也能让公众更好地理解能源新基建的重要性和监管政策的内容，从而不仅增强政策的社会基础，还能促进公众对能源新基建项目的积极参与和监督。

二、数字化能源新基建的伦理问题

数字化能源新基建的推进带来了一系列伦理问题。以数据隐私为例，智能电表的普及使得用户的用电数据可被实时监控，但这也引发了对个人隐私的担忧。在某些情况下，用电数据的分析可能无意中揭示个人的生活习惯，甚至可能包括敏感的健康状况信息。这种对个人隐私存在潜在威胁，要求监管机构和企业必须采取更加严格的数据保护措施，确保用户信息的安全。

公平性问题在能源服务的获取上同样显著。例如，城市可能因为基础设施完善而提供更加便捷的充电服务，而偏远地区则可能因为缺乏相应的充电桩而难以推广电动汽车。这种区域差异和不平衡可能导致某些群体无法平等享受新能源带来的便利，从而引发社会不平等。基于此，政策制定者应通过财政补贴、税收减免等措施，促进基础设施在不同地区的均衡发展。

此外，透明度的缺失则可能在能源新基建项目的规划和执行中引起公众的不信任。例如，风电场的建设可能会对当地生态环境产生影响，如果没有充分的信息公开和公众参与，容易引起当地居民的反对和抗议。因此，监管机构需要建立有效的信息公开和公众沟通机制，确保项目的透明度，让公众能够充分了解项目信息并参与决策过程。

面对这些挑战，把握道德边界和履行社会责任成为关键。首先，在数据隐私保护方面，监管机构和企业必须在技术创新与个人隐私保护之间找到平衡点，应实施严格的数据加密和访问控制机制，确保只有授权人员才能访问用户数据。同时，监管机构和企业应建立数据泄露应急预案，以便在发生数据泄露时迅速响应。其次，在公平性方面，政策制定者应致力于缩小不同地区在能源服务获取上的差异，推动能源基础设施的均衡发展，通过补贴和税收优惠等措施，促进偏远地区能源服务的普及。最后，在透明度方面，应建立公众参与机制，如环境影响评估的公众听证会，通过公开讨论和公众参与，确保项目的透明度和公众的知情权。

三、数字化能源新基建的普惠性问题

数字化能源新基建的普惠性问题主要在于数字技术的不均衡分布，特别是城乡之间的差异，表现尤为明显。城市通常拥有更完善的数字化基础设施，而农村及偏远地区由于资源和资金的限制，数字化能源新基建的发展相对滞后。例如，智能电网和分布式能源管理系统在城市地区得到广泛应用，城市居民可以通过智能手机应用程序实时监控和调整家庭用电，而农村地区的居民则较少享受到这种便利。

政策制定者和行业参与者为解决这一问题需要共同努力。为了促进能源数字化智能化技术的广泛应用，《国家能源局关于加快推进能源数字化智能化发展的若干意见》提出了一系列措施，鼓励通过数字化技术提升城市和农村电网的智能化水平，使得农村地区能够逐步引入智能电表和远程监控系统，提高用电安全性和可靠性，为农村居民提供与城市居民相当的能源管理服务。

此外，数字技术在提高能源效率方面也有政策支持。例如，在工业和商业领域推广能源管理系统可帮助企业更有效地监控和优化能源消耗，降低运营成本。而在农业领域，智能灌溉系统及精准农业技术的应用也能帮助农民更高效地利用水资源和电力，提高农作物产量，减少能源浪费。

为了确保数字化能源新基建普及到更广泛的社会群体，政府和企业可以采取一系列措施。首先，加大对农村和偏远地区能源基础设施的投资，特别是在电网升级和宽带互联网接入方面，使他们能有机会接触到新基建这一福祉。其次，通过教育和培训项目提高农村居民的数字技能，使他们能更好地利用新兴的能源技术。再次，促进公私合作，鼓励私营部门参与农村能源项目的建设和运营，提高项目效率。最后，建立能源数据共享平台，实现政府、企业和居民之间的能源数据共享，从而更好地规划和优化能源分配。

第四节　数字经济下能源政策法规变革展望

一、数据驱动的能源政策制定

随着数字经济的深入发展，未来的能源政策制定将越来越依赖于数据驱动的决策过程。在这一背景下，应更加重视构建全面的数据集成和分析平台，以促进能源行业的智能化管理和高效运营。这样的平台能够整合来自智能电网、分布式能源资源和消费监测系统的大量数据，为政策制定提供科学依据，同时为能源企业提供实时的运营洞察。例如，通过实时数据分析，政策制定者能更准确地预测能源需求，优化能源供应结构，从而减少能源浪费和环境污染。这种以数据为核心的政策制定模式，将推动能源行业向更加清洁、高效和可持续的方向发展。

数据安全和隐私保护也是不可或缺的组成部分。随着能源数据的价值日益凸显，确保数据在收集、存储、处理和传输过程中的安全应是政策制定的重要议题。若能出台更为严格的数据保护法规，明确数据所有权和使用权，规范数据交易市场，以及对数据泄露和不当使用行为的法律责任，这将有助于建立公众对能源数据使用的信任，同时鼓励企业在保护隐私的前提下，积极探索数据的商业价值。例如，通过建立能源数据安全共享机制，可在确保个人和企业隐私的前提下，促进数据在能源行业的广泛应用，推动能源效率的提升和新能源技术的发展。

国际合作在推动数据驱动的能源政策中具有关键意义。随着全球能源转型的加速，我国有望在国际能源治理中扮演更为重要的角色。我国企业参与国际能源项目并分享数字化智能化经验，同时吸引国际先进技术和资本，有助于我国在国际舞台上发挥更大的影响力。通过国际合作，我国不仅可以提升自身能源技术水平，还能推动全球能源可持续发展。我国也能通过政策支持跨国能源数据共享，促进能源技术交流和最佳实践的传播，以共同应对全球能源安全和气候变化挑战。这种积极的国际合作态度将有助于我国在全球能源市场中树立良好形象，并为国内能源企业提供更广阔的发展空间。

二、促进可再生能源和能效管理

数字经济推动能源政策致力于深化可再生能源的利用和提升能效管理。政策制定者可以利用大数据和人工智能技术来优化可再生能源的集成与调度，确保电网能高效平衡供需。例如，通过实时监测风速和日照情况，结合先进的预测模型，可以更准确地预测风能和太阳能的发电量，这将有助于电网运营商更好地安排电力资源，减少因可再生能源波动性带来的挑战。此外，通过鼓励发展智能电网技术，提高电网对分布式能源资源的适应性和韧性，从而促进可再生能源更广泛应用。

在能效管理方面，强调智能家居和工业自动化系统的潜力。政策推动相关技术标准和平台的建立，使家庭和企业能更好地监控和管理能源消耗。这包括对高效节能设备的研发和推广提供支持，以及为采用智能能源管理系统的用户提供财政激励。例如，对于采用智能恒温系统和照明系统的建筑，政策提供财政补贴，以降低改造成本，鼓励更多建筑实现节能升级。此外，政策包括强制性的能效标准，要求新建建筑采用高效的设计和建筑材料，并鼓励对现有建筑进行节能改造。

需求侧管理也是未来能源政策的一个重点。政策可以通过设计创新的市场机制和定价策略，如动态电价和需求响应计划，激励消费者在能源使用上做出更明智的决策。例如，鼓励实施分时电价，使消费者在电力需求较低的时段使用更多电力，而在高峰时段减少用电。此外，政策也能支持社区层面的能源项目，如社区太阳能发电和共享储能系统，这些项目不仅能提高能源的本地化利用，还能够增强社区对能源安全的控制，促进能源民主化。通过这些措施，可促进能源行业的可持续发展，为应对全球气候变化提供解决方案，同时也为经济增长和环境保护开辟新的道路。

三、鼓励跨界协同与融合

随着《国家能源局关于加快推进能源数字化智能化发展的若干意见》的出台，将推动建立开放的数据平台，促进能源行业与交通、建筑、工业等领域的数据共享和互联互通。这样的平台将允许实时数据的交换，使得能源管理系统能够与智能交通和智能建筑系统无缝对接，优化能源分配，提高整体效率。例如，智能电网可与电动汽车充电网络相结合，利用车辆的电池存储能力在需求高峰时提供电力，而在夜间低谷时段则从电网充电，这种车网互动（V2G）技术的应用，不仅能提升电网的运行效率，还能降低能源成本，推动电动汽车的普及。

鼓励技术创新和商业模式的探索。制定支持能源企业与高科技企业合作，共同开发先进的能源管理系统、储能技术和智能设备的政策。物联网、大数据分析和人工智能等技术的应用，能够使能源的生产、分配及消费更加智能化和精细化。例如，我国在"十四五"期间提出的新型城镇化建设，将推动智慧城市的发展，其中智能建筑的广泛应用将实现对能源消耗的实时监控和管理，通过优化建筑的能源使用模式，显著降低能耗。同时，可以推动能源行业探索新的商业模式，如能源即服务（energy as a service），这种模式将能源供应转变为一种服务，为用户提供更为灵活和个性化的能源解决方案，如通过合同能源管理，企业可以为客户提供节能改造和能源效率提升的一站式服务。

党的十八大以来，我国坚持能源低碳转型发展，积极参与全球能源治理，携手各国应对全球气候变化，在更大范围、更宽领域和更深层次参与国际能源合作。落实习近平总书记提出的"四个革命、一个合作"能源安全新战略，以共建"一带一路"倡议和能源安全新战略为指引，统筹推进能源国际合作。我们鼓励国际技术交流和合作项目，重点围绕高效低成本可再生能源发电、储能、氢能、二氧化碳捕集利用与封存等领域开展研学合作，加快开放条件下能源领域自主科技创新与突破，以共同推动全球能源的可持续发展。同时，积极参与国际能源署（IEA）等国际组织的活动，给其他国家分享我国在可再生能源和智能电网方面的成功经验，如我国的光伏产业和风力发电技术的发展，并学习其他国家的先进技术和管理经验。通过这些合作，我国不仅能引进和吸收国际先进的能源技术，还能为完善全球能源治理体系贡献中国力量。

参 考 文 献

[1] 本刊记者. 促进新时代新能源高质量发展：国家发展改革委、国家能源局有关负责同志答记者问 [J]. 宏观经济管理，2022（6）：11 –13，29.

[2] 陈鹤丽. 数字经济核算的国际比较：口径界定、统计分类与测度实践 [J]. 东北财经大学学报，2022（4）：41 –53.

[3] 陈娟，鲁斌，冯宇博，等. 共享理念下的区域能源互联网生态系统价值共创模式与机制 [J]. 中国电机工程学报，2022，42（22）：8103 –8117.

[4] 陈诗文. 以数字化智能化技术带动煤炭安全高效生产 [EB/OL]. 2023 –03 –31 [2024 –03 –25]. https：//news. cctv. com/2023/03/31/ARTIUz1TznQzS24Chriaz9Vg230331. shtml.

[5] 冯鹏洲. 大数据技术在智能充电桩网络系统中的应用 [J]. 电力大数据，2018，21（12）：47 –52.

[6] 高敏雪，孙庆慧. 派生产业的识别与核算问题：以数字经济为例 [J]. 中国统计，2022（8）：40 –44.

[7] 戈晶晶. 新能源汽车要智能网联发展 [J]. 中国信息界，2023（4）：57 –59.

［8］谷亚丽. 美国数字经济核算实践及其与我国的比较 ［J］. 调研世界，2023（9）：80 - 88.

［9］管晓宏. 全面提升工业数据管理能力 释放数据潜在价值：《工业数据分类分级指南（试行）》解读 ［J］. 网络安全和信息化，2020（4）：6 - 7.

［10］胡雪. 基于 LSTM 负荷模型和 Flowmaster 仿真的校园供热系统数字孪生研究 ［D］. 天津：天津大学，2021.

［11］景万，李思琦. 建筑企业数字化转型的途径 ［J］. 施工技术，2022，51（17）：22 - 28.

［12］雷珂馨. 行业利好政策频出 充电基础设施建设提速 ［N］. 中国商报，2023 - 06 - 27.

［13］李贲，王闯胜. 能源大数据挖掘过程中数据清洗的作用与方法 ［J］. 今日制造与升级，2022（3）：39 - 42.

［14］李刚，王梦，左振波，等. 基于数字孪生的智慧园区能源管理系统应用探讨 ［J］. 科技与创新，2021（18）：51 - 52.

［15］李靖祥. 智能电网给变电检修队伍建设带来的思考 ［J］. 中国电业（技术版），2011（6）：30 - 34.

［16］李鹏，王瑞，冀浩然，等. 低碳化智能配电网规划研究与展望 ［J］. 电力系统自动化，2021，45（24）：10 - 21.

［17］李苏秀，刘林，王雪，等. 泛在电力物联网商业模式理论体系与设计架构 ［J］. 中国电力，2019，52（9）：1 - 9.

［18］林楚. 国家能源局：加快推进能源数字化智能化发展 ［N］. 机电商报，2023 - 04 - 10.

［19］刘畅. 大数据时代政府跨部门数据共享绩效评价及提升路径研究 ［D］. 秦皇岛：燕山大学，2019.

［20］刘皓璐，邵建伟，王雪，等．基于数字孪生的配电自动化终端设备状态评价与故障预判［J］．电网技术，2022，46（4）：1605 - 1613.

［21］刘学智，严正，解大，等．电热综合能源网的强耦合路径研究与展望［J］．电力系统自动化，2022，46（13）：204 - 215.

［22］马文华．国家能源局关于加快推进能源数字化智能化发展的若干意见［EB/OL］．2023 - 03 - 28［2024 - 03 - 25］．https：//www. gov. cn/zhengce/zhengceku/2023 - 04/02/content_5749758. htm.

［23］马玉草，张铁峰，许正阳，等．信息基础设施能耗分析及现状与趋势［J］．电力信息与通信技术，2022，20（4）：79 - 87.

［24］彭小圣，邓迪元，程时杰，等．面向智能电网应用的电力大数据关键技术［J］．中国电机工程学报，2015，35（3）：503 - 511.

［25］前瞻产业研究院．大数据在能源领域的应用现状：数据创造更多价值［J］．电器工业，2019（3）：44 - 45.

［26］邵春堡．在数字化转型中重塑品牌［J］．企业文明，2021（11）：35 - 37.

［27］宋婧．数字基建加速推进 央企争做算力基础设施建设"主力军"［N］．中国电子报，2023 - 10 - 27.

［28］王彪，范永敬，许宁宁，等．广东将打造世界一流算力设施集群［N］．南方日报，2022 - 05 - 31（0）.

［29］王成山，董博，于浩，等．智慧城市综合能源系统数字孪生技术及应用［J］．中国电机工程学报，2021，41（5）：1597 - 1608.

［30］王成山，于浩，李鹏，等．新型配电网中的软件定义

技术理念及特征 [J]. 新型电力系统, 2024, 2 (1): 1 – 12.

[31] 王程, 杨彪, 王晓晨. 电力 "十四五" 发展研究分析 [J]. 中国电力企业管理, 2020 (13): 29 – 31.

[32] 王宏延, 完颜绍澎, 顾舒娴, 等. 5G 建设与电力基础资源运营方案研究 [J]. 电力信息与通信技术, 2019, 17 (12): 9 – 14.

[33] 王今朝, 窦一凡, 黄丽华, 等. 数据产品交易的定价研究: 进展评述与方法比较 [J]. 价格理论与实践, 2023 (4): 22 – 27.

[34] 王于鹤, 王娟, 邓良辰. "双碳" 目标下, 能源行业数字化转型的思考与建议 [J]. 中国能源, 2021, 43 (10): 47 – 52.

[35] 王云珠. "双碳" 战略下山西省传统能源与新能源协同创新发展研究 [J]. 煤炭经济研究, 2021, 41 (12): 54 – 61.

[36] 王珍. "东数西算" 来了编织数字经济时代 "算力网" [J]. 科学大观园, 2022 (6): 14 – 17.

[37] 闻超群. 江苏省实体经济的数字化转型模式研究 [J]. 生产力研究, 2024 (1): 64 – 69.

[38] 吴良芹, 阮殿旭. 苏州智能网联汽车产业集群现状及发展对策研究 [J]. 沙洲职业工学院学报, 2023, 26 (3): 6 – 11.

[39] 吴燕, 黄芙蓉. 面向智慧城市的电力能源块数据挖掘研究 [A]. 全国第四届 "智能电网" 会议论文集 [C]. 2019.

[40] 伍爱群. 加快我国能源互联网体系建设的建议 [J]. 科技中国, 2021 (7): 74 – 76.

[41] 鲜祖德, 王天琪. 中国数字经济核心产业规模测算与预测 [J]. 统计研究, 2022, 39 (1): 4 – 14.

［42］熊伟. 几种算力和算力的"颜色"［J］. 中国信息化，2023（7）：16 - 17.

［43］徐东. 新能源车进入高质量发展机遇期［J］. 中国石油石化，2023（11）：31.

［44］许可，王筑，张力铭，等. 洞见云计算发展，推进数智化转型［J］. 通信企业管理，2023（10）：17 - 22.

［45］杨彪，刘素蔚，周洋.《欧洲风电行动计划》对电力基础设施建设的启示［J］. 中国电力企业管理，2024（1）：92 - 94.

［46］杨彪，颜伟，莫静山. 考虑源荷功率随机性和相关性的主导节点选择与无功分区方法［J］. 电力系统自动化，2021，45（11）：61 - 67.

［47］于灏，刘键烨. 能源数字经济发展迎来强大推动力［J］. 国家电网，2020（8）：49 - 50.

［48］袁家海. "双碳"目标下新型能源体系建设与电力转型［J］. 煤炭经济研究，2023，43（6）：1.

［49］曾鸣，王永利，张硕，等. "十四五"能源规划与"30·60"双碳目标实现过程中的12个关键问题［J］. 中国电力企业管理，2021（1）：41 - 43.

［50］张二震，徐康宁，蔡跃洲，等. 数字经济与中国高质量发展（笔谈）［J］. 阅江学刊，2022，14（5）：80 - 104.

［51］郑漳华. 虚拟电厂能缓解高峰用电紧张吗［J］. 新华文摘，2023（20）：122 - 125.

［52］仲蕊. 电力行业多元化保供将成常态［N］. 中国能源报，2023 - 05 - 15.

［53］祝旭. 故障诊断及预测性维护在智能制造中的应用
［J］. 自动化仪表，2019，40（7）：66 – 69.

［54］左宗鑫. "东数西算"工程启动 相关个股现涨停潮
［N］. 中国工业报，2022 – 02 – 22.

后　记

　　本书由国网能源研究院有限公司牵头，受到了国网能源研究院有限公司青年英才工程项目"基于复杂网络理论的数字新基建运行模型构建与评估研究"支持。与此同时，在编写过程中，得到了重庆大学、天津大学、太原理工大学、北京大学、西安交通大学、西南政法大学、三峡大学、澳门大学、重庆科技大学、清华大学、北京信息科技大学、北京邮电大学、东北电力大学、华为电力数字化军团、北京中电飞华通信有限公司、北京国网信通埃森哲信息技术有限公司、中国电机工程学会、国网经济技术研究院有限公司、国网天津市电力公司、北京科东电力控制系统有限责任公司、国网宁夏电力有限公司经济技术研究院、南瑞集团有限公司、国网陕西省电力有限公司经济技术研究院、中国国际工程咨询有限公司、国家电投集团宁夏能源铝业有限公司、中国能源传媒集团有限公司、中国电力企业联合会、住房和城乡建设部标准定额研究所、内蒙古财经大学、对外经济贸易大学、中国兵器工业标准化研究所、国网浙江省电力有限公司义乌市供电公司、国网湖北省电力有限公司武汉供电公司、国网北京市电力公司怀柔供电公司、国网北京市电力公司电力科学研究院、国网河南省电力公司郑州供电公司等单位的大力支持，在此一并表示感谢。相信本书是吹响通往数字经济时代的号角，还会有更多人与我们一道，为

"中国的能源，我们的事业"共同砥砺前行，为数字经济下的能源新基建开辟新道路！

未来已来，再次致谢！

编 者

2024 年 4 月

图书在版编目（CIP）数据

数字经济下的能源新基建／杨彪等编著 . -- 北京：
经济科学出版社，2024.6. -- ISBN 978 - 7 - 5218 - 6000 - 9

Ⅰ . F426.2

中国国家版本馆 CIP 数据核字第 202436XM41 号

责任编辑：宋艳波
责任校对：徐 昕
责任印制：邱 天

数字经济下的能源新基建
SHUZI JINGJI XIA DE NENGYUAN XINJIJIAN
杨 彪 刘素蔚 高洪达 等／编著
经济科学出版社出版、发行 新华书店经销
社址：北京市海淀区阜成路甲 28 号 邮编：100142
总编部电话：010 - 88191217 发行部电话：010 - 88191540
网址：www. esp. com. cn
电子邮箱：esp@ esp. com. cn
天猫网店：经济科学出版社旗舰店
网址：http://jjkxcbs. tmall. com
固安华明印业有限公司印装
710 × 1000 16 开 11.25 印张 135000 字
2024 年 6 月第 1 版 2024 年 6 月第 1 次印刷
ISBN 978 - 7 - 5218 - 6000 - 9 定价：68.00 元
（图书出现印装问题，本社负责调换。电话：010 - 88191545）
（版权所有 侵权必究 打击盗版 举报热线：010 - 88191661
QQ：2242791300 营销中心电话：010 - 88191537
电子邮箱：dbts@ esp. com. cn）